JÜRGEN BUNGE

Das englische Zwangsvollstreckungsrecht

Schriften zum Prozessrecht

Band 58

Das englische Zwangsvollstreckungsrecht

Eine systematische Darstellung mit einem Grundriß des englischen
internationalen Zivilprozeßrechts und einer Auswahlbibliographie

Von

Dr. Jürgen Bunge

DUNCKER & HUMBLOT / BERLIN

Alle Rechte vorbehalten
© 1979 Duncker & Humblot, Berlin 41
Gedruckt 1979 bei Buchdruckerei Bruno Luck, Berlin 65
Printed in Germany
ISBN 3 428 04310 3

Vorwort

Während meine erste Studie „Das untere Richterpersonal und die Richtergehilfen am englischen High Court of Justice — Ein Beitrag zur deutschen Justizreform —" (1973) sich noch im wesentlichen auf Fragen des Gerichtsverfassungsrechts beschränkte und Probleme des deutschen Verfahrensrechts und seiner Reform im Auge behielt, hat die 1974 erschienene Schrift "Das englische Zivilprozeßrecht — Eine systematische Darstellung mit einer Auswahlbibliographie —" (Schriften zum Prozeßrecht Band 37) einen Grundriß des englischen Erkenntnisverfahrens gebracht. Jetzt lege ich als ergänzenden Band eine Darstellung des englischen Zwangsvollstreckungsrechts und internationalen Zivilprozeßrechts vor.

Einer künftigen zusammenfassenden Gesamtdarstellung des so vielgestaltigen und geschichtsträchtigen Verfahrensrechts in England muß die vertiefte Durchdringung und Ergänzung des bisher Veröffentlichten überlassen bleiben. Vorarbeiten zum Erkenntnisverfahren, über die Beteiligung Dritter am Rechtsstreit, Widerklage und Prozeßaufrechnung, einstweiligen Rechtsschutz und die Rechtskraftlehre sind weitgehend abgeschlossen. Die Schwierigkeiten der Materialsammlung und des Fachgesprächs mit Rechtswissenschaft und -praxis sind allerdings auch durch den Beitritt Englands zur Europäischen Gemeinschaft kaum geringer geworden. Die traditionsreichen Beziehungen zwischen englischer und deutscher Jurisprudenz lockern sich; die verdienstvollen Arbeiten der deutschen Emigranten bilden durch das Schwinden einer Gelehrtengeneration eine schwächer werdende Brücke. Die vorliegende Schrift kann diese Entwicklung sicher nur wenig beeinflussen; vielleicht kann sie Anregungen vermitteln.

Dr. Hartmut Linke, Bonn, und Herrn Friedrich Sonderkötter, Bochum, danke ich für eine kritische Durchsicht des internationalen Zivilprozeßrechts.

Wiesbaden, November 1978

Jürgen Bunge

Inhaltsverzeichnis

Erster Teil

Die Zwangsvollstreckung

Abschnitt I
Einleitung

§ 1. Vorbemerkung zum Aufbau und zur Methode 11
§ 2. Quellen und Begriffe des englischen Zwangsvollstreckungsrechts 12
§ 3. System der subjektiven Vermögensrechte (Personal Rights of Property) als Gegenstände der Zwangsvollstreckung 13

Abschnitt II
Die Organe der Vollstreckung

Kapitel I: Die Vollstreckungsgerichte

§ 4. Die County Courts 22
§ 5. Die Magistrates' Courts 22
§ 6. Der High Court 23

Kapitel II: Die Vollstreckungsbeamten
(Executive Officers)

§ 7. Der County Court Bailiff und die Vollstreckungsbeamten des Magistrates' Court 24
§ 8. Der Sheriff und seine Beamten 24
§ 9. Der Admiralty Marshal 25

Abschnitt III
Allgemeine Vollstreckungsvoraussetzungen

§ 10. Vollstreckungsvoraussetzungen und -grundsätze 27
§ 11. Vollstreckungstitel (Enforceable Judicial Acts) 29
§ 12. Verhältnis von Zwangsvollstreckung und Konkurs 30

Abschnitt IV
Die Vollstreckungsverfahren (Institutioneller Teil)

Kapitel I: Die direkten Vollstreckungsverfahren (Direct Methods of Enforcement)

§ 13. Writ of Fieri Facias (High Court) 33
§ 14. Warrant of Execution (County Court) 34
§ 15. Warrant of Distress (Magistrates' Court) 35
§ 16. Writ and Warrant of Possession 35
§ 17. Writ and Warrant of Delivery 35

Kapitel II: Besondere Vollstreckungsverfahren

§ 18. Garnishee Proceedings 36
§ 19. Lohnpfändung (Attachment of Earnings) 37
§ 20. Zwangsverwaltung (Receivership) 38
§ 21. Zwangsadministration (Administration Order) 40

Kapitel III: Die indirekten Vollstreckungsmittel (Erzwingungs- und Sicherungsverfahren)

§ 22. Zwangsverwahrung (Writ of Sequestration am High Court) 41
§ 23. Haft (Arrest) im Erkenntnis- und Vollstreckungsverfahren 41
§ 24. Order of Committal (High Court), Warrant of Attachment (County Court) und Warrant of Commitment (Magistrates' Court) 42
§ 25. Judgment Summons (Schuldhaft) 44
§ 26. Sicherung durch Order to Show Cause and Injunction im Vollstreckungsverfahren 45
§ 27. Charging Order 45
§ 28. Stop Order und Stop Notice 46

Abschnitt V
Rechtsbehelfe

§ 29. Rechtsbehelfe des Vollstreckungsschuldners (Vollstreckungsschutz) und Unpfändbarkeit 48
§ 30. Sheriff's Interpleader und Interpleader by Registrar 48
§ 31. Rechtsbehelfe Dritter 49

Abschnitt VI
Haftung, gutgläubiger Erwerb und Offenbarungsverfahren

§ 32. Haftung aus der Vollstreckung anfechtbarer Urteile 50
§ 33. Gutgläubiger Erwerb 52
§ 34. Offenbarungsverfahren 53

Abschnitt VII
Die Vollstreckung einzelner Rechte in Vermögensbestandteile (Systematischer Teil)

§ 35. Allgemein 54

Kapitel I: Die Vollstreckung wegen einer Geldforderung in Sachen

§ 36. Die Vollstreckung wegen Geldforderungen 54
§ 37. Vollstreckung in bewegliche Sachen 55
§ 38. Vollstreckung in grundstücksbezogene Vermögensbestandteile 56

Kapitel II: Die Vollstreckung wegen eines Geldanspruchs in forderungsgleiche Vermögensbestandteile (Choses in Action)

§ 39. Die allgemeine Pfändung von Geldforderungen 57
§ 40. Zwangsvollstreckung in Wertpapiere, Urheberrechte etc. 57

Kapitel III: Die Handlungsvollstreckung

§ 41. Die Vollstreckung zur Erwirkung der Herausgabe von Sachen 58
§ 42. Die Vollstreckung zur Erwirkung von Handlungen oder Unterlassungen 59

Zweiter Teil

Grundriß des englischen internationalen Zivilprozeßrechts unter beonderer Berücksichtigung des deutsch-englischen Rechtsverkehrs

§ 43. Die internationale Zuständigkeit englischer Gerichte und Zustellungen aus dem englischen Jurisdiktionsbereich hinaus (Service out of the Jurisdiction) 61
§ 44. Der Rechtshilfeverkehr des Vereinigten Königreichs mit der Bundesrepublik Deutschland 63
§ 45. Anerkennung und Vollstreckung deutscher Urteile in England 68
§ 46. Die Anerkennung deutscher Ehescheidungsurteile 73
§ 47. Vollstreckung aus ausländischen Schiedssprüchen (Foreign Awards) 74

Auswahlbibliographie des englischen Zwangsvollstreckungsrechts 76

Erster Teil

Die Zwangsvollstreckung

Abschnitt I

Einleitung

§ 1. Vorbemerkung zum Aufbau und zur Methode

Das Interesse der deutschen Rechtswissenschaft und -praxis im Bereich des englischen Zwangsvollstreckungsrechts ist im Schwerpunkt und traditionell auf international-prozeßrechtliche Fragen gerichtet, also auf Probleme des Rechtshilfeverkehrs und der Urteilsanerkennung. Der vierte Teil der vorliegenden Arbeit ist daher diesem Gegenstand gewidmet, er baut jedoch auf einer Gesamtdarstellung des englischen Zwangsvollstreckungsrechts auf und ist auch nur von dieser her voll verständlich.

Die Gliederung bedarf einer Erläuterung. Sie folgt einem Aufbauschema, das die Vollstreckungsorgane vor den Vollstreckungsverfahren darstellt. Der Darstellung des Vollstreckungsverfahrens liegt ein deskriptiv-institutionelles Konzept zugrunde, beschreibt also die nach Gruppen zusammengefaßten englischen Vollstreckungsinstitutionen nach ihrem Ablauf. Diese erste Systematik der Vollstreckungsmittel des englischen Zwangsvollstreckungsrechts wird durch die Darstellung nach einer anderen Methode ergänzt: Eine funktionale, am materiellen Recht orientierte Systematik wird zum Aufbauprinzip des englischen Zwangsvollstreckungsrechts. In diesem Abschnitt wird also die allgemeine Darstellung des Vollstreckungsmittels durch funktionale Gesichtspunkte (wegen welchen Rechts, in welches Recht wird vollstreckt?) ergänzt und ein systematischer Zusammenhang hergestellt. Diese doppelte Darstellungsweise war erforderlich, weil häufig mehrere Vollstreckungsmittel alternativ zur Verfügung stehen und eine bloß funktionale Systematik die Darstellung zu unübersichtlich gemacht hätte.

Die Schwierigkeiten einer Darstellung des englischen Zwangsvollstreckungsrechts liegen außerdem in der Verzahnung mit dem materiellen Recht, genauer dem System der subjektiven Vermögensrechte. Der Überblick über das Gesamtfeld der subjektiven Vermögensrechte ergibt eine Vielzahl von Ordnungskategorien, die sich in historisch-genetische und funktionale gliedern lassen. Alle Kategorien lassen sich dabei auf zwei Skalen ordnen, wobei der einen Skala ein Zeitmoment und der anderen der Gesichtspunkt der Funktionalität zugrunde liegt.

Auf der historisch-genetischen Skala sind systematisierende Kategorien zu subjektiven Rechten über den ganzen Zeitraum des sich zusammenhängend entwickelnden Common Law und Equity entstanden (in enger Verbindung mit dem Aktionen-Prinzip des Verfahrensrechts), z. B. von der Unterscheidung in ‚real property' und ‚chattels real' bis zum Begriff der goods. Zahlreiche Kategorien sind später wieder teilweise funktionslos geworden, konnten aber nicht aufgegeben werden. Dies führte dazu, daß auf der Funktionalitäts-Skala alle Übergänge von disfunktional (systemwidrig) bis vollfunktional zu finden sind, mit einer besonderen Häufung bei partiell-funktional, z. B. hinsichtlich der Behandlung im Erkenntnisverfahren oder der Zwangsvollstreckung.

Die Arbeit kann kein Handbuch des englischen Zwangsvollstreckungsrechts sein, das mit dem Anspruch auf Vollständigkeit insbesondere der Praxis gegenüber auftritt. Sie ist vielmehr gedacht als Einführung in Systematik, Quellen und Literatur dieses Rechtsgebiets und verzichtet in der Regel auf die Angabe von Fristen, auf Formulartexte u. ä. Hier gibt die allerdings häufig schwer zugängliche englisch-sprachige Literatur Auskunft.

§ 2. Quellen und Begriffe des englischen Zwangsvollstreckungsrechts

Literatur:
Amouroux-Ménard, Voies d'exécution en droit anglais, 1930.
Josling, Execution of a Judgment, 1974.
Mather, Sheriff and Execution Law, 1935.

I. Die vorliegende Arbeit befaßt sich nur mit der Zwangsvollstreckung in England und Wales. Das Judgment Extension Act, 1868, regelt die Vollstreckung im Verhältnis von England und Wales einerseits, Schottland und Nordirland andererseits. Das Administration of Justice Act, 1920, betrifft die Vollstreckung von Entscheidungen oberer Gerichte des Commonwealth.

Das Vollstreckungsrecht des *High Court-Prozesses* ist in den Orders 45 bis 52 der Rules of the Supreme Court (R.S.C.) — wenn auch unvollständig — zusammengefaßt; ergänzende Regelungen finden sich in einer Vielzahl von Vorschriften. Das wichtigste Vollstreckungsorgan, der Sheriff, ist im Sheriffs Act, 1887, geregelt, während sich für die *County-Court-Vollstreckung* Vorschriften u. a. in den County Court Rules (C.C.R.) und im County Courts Act, 1959, finden. In jüngster Zeit wurde im Attachment of Earnings Act, 1971, die Lohnpfändung durch die County Courts neu gestaltet. Die Quellenlage stellt sich hin-

§ 2. Quellen und Begriffe des englischen Zwangsvollstreckungsrechts 13

sichtlich formeller Gesetze als stark zersplittert dar; auch die umfangreiche Judikatur gibt die Vollstreckungspraxis nur lückenhaft wieder.

II. Die allgemeine Vollstreckungsverfügung (Vollstreckungsbefehl) heißt am High Court *writ* (z. B. writ of fieri facias) und am County Court *warrant* (warrant of execution). Im Zwangsvollstreckungsrecht ist zwischen der Urteilsvollstreckung i. w. S. (enforcement of judgments) und der Zwangsvollstreckung i. e. S. (execution of judgments) zu unterscheiden. Die Zwangsvollstreckung im engeren Sinne wird angeordnet durch die Vollstreckungsverfügungen (writs and warrants of execution)[1] in das Vermögen des Vollstreckungsschuldners. Die Aussetzung bzw. Einstellung der Vollstreckung (stay of execution) durch das Gericht ist ein nur für diese Art der Vollstreckung wirksames Verfahrenshindernis, die anderen Arten der Urteilsvollstreckung, soweit sie Sicherungsfunktionen haben, bleiben zulässig[2].

Bis zum Erlaß einer Vollstreckungsverfügung spricht man von Judikatsgläubiger (judgment creditor) und Judikatsschuldner (judgment debtor), nach Beginn der Vollstreckung auch von Vollstreckungsgläubiger (execution creditor) und Vollstreckungsschuldner (execution debtor).

Es ist erforderlich, zwischen Sicherungsmitteln innerhalb des Zwangsvollstreckungsverfahrens und den eigentlichen Vollstreckungsmitteln zu unterscheiden. Die Vollstreckungsmittel selbst zerfallen in direkte und indirekte. Das Sicherungsmittel kann eine Sachpfändung (seizure) oder die Bestellung eines besonderen Sicherungsrechts (charge) sein, wobei die Pfandverwertung in einem gesonderten Verfahren erfolgt. Das Sicherungsmittel kann aber auch lediglich in einer gerichtlich auferlegten Benachrichtigungspflicht für bestimmte Drittschuldner bestehen.

Der Begriff Vollstreckungstitel existiert im englischen Zwangsvollstreckungsrecht nicht; er mußte mit der Bezeichnung ‚enforceable judicial act' neu geprägt werden. Bestimmte Judikate (judicial acts) bedürfen der Vollstreckbarerklärung (leave to enforce).

§ 3. System der subjektiven Vermögensrechte (Personal Rights of Property) als Gegenstände der Zwangsvollstreckung

Literatur:
Goldschmidt u. a. (Hrsg.), Das Zivilrecht Englands, 1931.
Triebel, Englisches Handels- und Wirtschaftsrecht, 1978.

I. *Rechte an einer Sache*

Um eine Systematik der Vollstreckung von subjektiven Vermögensrechten und in diese geben zu können, ist ein Überblick über das

---
[1] s. u. §§ 13 ff.
[2] Berliner Industriebank Aktiengesellschaft v. Jost, (1971) 2 Q.B. 463; (1971) 2 All E.R. 1513.

Sachenrecht in seiner historischen Entwicklung erforderlich, das seine spezifische Ausprägung durch das altenglische *Lehnsrecht* erhalten hat und nur aus ihm heraus verständlich ist.

1. Entscheidend für die Entwicklung des englischen *Liegenschaftsrechts* (law of *real property*) ist das Recht der ‚tenures', durch das der Lehnsmann (tenant) vom Lehnsherrn (landlord) den Rechtstitel zum Besitz von Grund und Boden erhielt. Aus den verschiedenen Arten von ‚tenures' ist ‚*freehold property*', absolute, inhaltlich unbeschränkte Grundherrschaft entstanden, die als zeitlich unbeschränktes ‚Eigentum' ‚*estate in fee simple absolute in possession*' bezeichnet wird.

War nicht eine Belehnung unter Vertrag wie bei ‚copyhold', sondern ein allgemeiner Vertrag Grundlage für die Überlassung des Grundstücks auf Zeit, so spricht man von ‚*leaseholds*', dinglichen Landpacht- (bzw. Miet-)rechten, die ein ‚leasehold estate' bzw. ein ‚term of years absolute' vermitteln.

2. Daneben kennt das Common Law noch inhaltlich beschränkte dingliche Rechte an Grundstücken in Form von ‚*interests*' oder ‚*charges in land*'. Dies sind *Grunddienstbarkeiten* (easements), besonders Wegerecht (right of way), Wasserrecht (water courses); *Nutzungsrechte* an Grundstücken (profits à prendre), z. B. Weiderecht (right of pasture), Fischereirecht (fishery), Bodenschätze; ‚*Franchises*': fair market, fishery, free warren); ‚rent charges' (Grundrechte) und Grundpfandrechte *(legal mortgages)*.

Man unterscheidet bei liegenschaftsbezogenen Vermögensbestandteilen zwischen ‚*legal estates and interests*', die nach Common Law geschützt waren, im Gegensatz zu den ‚*equitable estates and interests*', die nur durch Equity gewährleistet wurden. ‚Estate' charakterisiert dabei den dinglichen (Eigentümer-)Status, ‚interest' die dingliche Nutzungs-(Zins-)form.

Reversion ist das Recht des Grundeigentümers, der ein minderes Recht an seinem Grundbesitz eingeräumt hat, auf den Rückfall nach Erlöschen des minderen Rechts. Hauptfall ist, daß ein Eigentümer eines ‚estate in fee simple' an seinem Grundbesitz einen lebenslänglichen Nießbrauch (estate for life) eingeräumt hat.

Unbeschränkte Verfügungsgewalt des Berechtigten über Fahrnis bezeichnet man als ‚*ownership*' (Eigentum), den tatsächlichen Besitz als ‚*possession*', ein Faustpfandrecht an Fahrnis als ‚*pledge*' oder ‚*pawn*'.

3. Die Unterscheidung nach Real-(Liegenschafts-)vermögen *(real property)* und Personalvermögen *(personal property)* geht auf die früheren Klagemöglichkeiten bei Besitzverlust zurück. Wurde ein ‚freeholder' aus Grund und Boden vertrieben, so konnte er auf Wiedereinräumung

§ 3. System der subjektiven Vermögensrechte

des Besitzes mit Hilfe einer Realklage (real action, action in rem) klagen; wurden ihm dagegen sonstige Habe (chattels) unwiderruflich entzogen, so hatte er nur eine Personalklage (personal action, action in personam), die auf Schadenersatz in Geld gerichtet war.

Damit fällt unter den Begriff Personalvermögen *(personal property)* alles Vermögen, das nicht ‚freehold interest in land' ist. Diese Vermögensbestandteile sind zu untergliedern in Realhabe *(chattels real)* und Personalhabe *(chattels personal)*, die alle ‚interests other than in land' umfassen.

Die Realhabe (chattels real) umfaßt diejenigen Rechte, die aus dinglichen Landpachtrechten (leaseholds) und heirlooms entstehen. Heirlooms sind Nachlaßgegenstände, die aus Gewohnheitsrecht, nicht durch Testamentsvollstreckung auf den Erben übergehen, z. B. ‚deeds', die materielle Ansprüche auf Land beinhalten, aber selbst als Eigentumsobjekt betrachtet werden.

Die Personalhabe (chattels personal) wird in ‚chattels corporeal' und ‚chattels incorporeal' bzw. in ‚choses in possession' (besitzfähige Vermögensbestandteile) und ‚choses in action' (forderungsgleiche Vermögensbestandteile) unterteilt. Unter die forderungsgleichen Vermögensbestandteile fallen damit alle Rechte, die nicht Rechte an Grundvermögen oder Fahrnis sind.

Die rechtliche Behandlung von Real-(Liegenschafts-)Vermögen (real property) und Realhabe (chattels real) weist heute keine wesentlichen Unterschiede mehr auf.

4. Einzelne Rechte an Sachen bedürfen einer besonderen Darstellung:

4.1 Zum Begriff des vollen Herrschaftsrechts an einem Grundstück (estate in fee simple) gehört die zeitliche Unbeschränktheit. Es ist aber auch möglich, ein Grundstücksrecht in der Weise zu übertragen, daß es nur dem Erwerber und nach seinem Tode den von ihm abstammenden Erben (heirs of his body im Sinne der früheren Erbfolgeordnung für real property) zusteht; dann spricht man von einem ‚estate tail' des Erwerbers. Ist der Stamm des Erwerbers erloschen, so erlangen der Begründer oder seine Erben wieder den unbeschränkten ‚estate in fee simple'. Das ‚entailed interest' ist als ‚legal right' abgeschafft; es gibt jedoch ein ‚entailed interest' als ‚equitable right'. Dieses findet namentlich bei Eheverträgen (marriage settlements) Verwendung. Der ‚entailed interest' ist übertragbar.

4.2 Der Begriff *goods* umfaßt alle Personalhabe (chattels personal), d. h. nahezu sämtliche Sachen und Rechte mit Ausnahme der Rechte an Grundstücken, und zwar als Gegenstände des wirtschaftlichen Tauschverkehrs. Nicht unter diese Kategorie fallen die ‚fixtures', d. h.

das Zubehör. Schiffe sind zu den ‚goods' zu rechnen. Außer den beweglichen Sachen gehören auch bestimmte verbriefte forderungsgleiche Vermögensbestandteile (choses in action) zu den ‚goods', wie Aktien; Lebensversicherungspolicen mit Wertpapiercharakter; Schuldverschreibungen (debentures, insbesondere einer Handelsgesellschaft), und der Anteil an einer ‚partnership'. Als subjektives Vermögensrecht spricht man von *property in goods*.

4.3 *Fixtures* sind bewegliche Sachen, die, an sich ‚chattels personal', mit dem Grundstück oder dem darauf stehenden Gebäude verbunden sind (Zubehör).

II. *Forderungsgleiche Vermögensbestandteile*

Der Begriff der forderungsgleichen Vermögensbestandteile heißt *choses in action*[1], wird aber auch als ‚things in action' bezeichnet[2].

1. Die herrschende Definition für forderungsgleiche Vermögensbestandteile ist: "A legal expression used to describe all personal rights of property, which can only be claimed or inforced by action, not by taking physical possession[3]." Daß man zu ihrer Realisierung die ‚choses in action' also nicht körperlich in Besitz nehmen kann, ist das entscheidende Kriterium gegenüber ‚choses in possession', den besitzfähigen Vermögensbestandteilen.

Zu den forderungsgleichen Vermögensbestandteilen gehören damit alle Rechte und Forderungen, wie allgemeine Forderungs-, Anteils-, Mitgliedschafts-, Urheber-, Marken- und Warenzeichenrechte aus dem Bereich der Equity und des Common Law. Die Art, wie diese Rechte und Forderungen sichtbar oder übertragbar gemacht werden, hat auf die Zuordnung keinen Einfluß. So gehören auch die in Wertpapieren (negotiable instruments) verbrieften Rechte, die nach den Grundsätzen der beweglichen Sachen übertragen werden, zu den ‚choses in action'.

Die ‚choses in action' und die ‚choses in possession' bilden, wie gesagt, zusammen die Gruppe der ‚chattels personal', der Personalhabe, die alle Vermögensrechte, außer denen an Land, und gewisse Erbrechte umfaßt[4].

2. Zur besseren *Übersicht* sollen hier nun die einzelnen Gruppen der Rechte und Forderungen zusammengestellt werden, die als forderungsgleiche Vermögensbestandteile (choses in action) bezeichnet werden.

---

[1] Zum folgenden vgl. *Halsbury's* Laws of England, 4th ed. Vol. 6, „Choses in Action".

[2] Law of Property Act, 1925, s. 136 (1).

[3] Torkington v. Magee, (1902) 2 K.B. 427, 430.

[4] s. o. und Colonial Bank v. Whinney, (1885) 30 Ch.D. 261, 285.

§ 3. System der subjektiven Vermögensrechte

Diese Rechte werden traditionell nach der Herkunft aus dem Common Law oder dem Equity-Recht klassifiziert. So gibt es einerseits Rechte und Forderungen, die aus dem Recht des Common Law stammen und nach den Rechtsgrundsätzen des Common Law und der Equity abgetreten und belastet werden können, andererseits traditionelle Rechtsfiguren der Equity, die trotz der Anerkennung durch das Common Law nur nach den Regeln der Equity übertragbar und belastbar sind. Die Rechte der ersten Gruppe werden daher auch *legal choses in action*, die der zweiten Gruppe *equitable choses in action* genannt.

Diese historisch-genetische Kategorisierung ist jedoch für eine Zwangsvollstreckungssystematik funktionslos, da in alle Rechte unabhängig von ihrer Entstehung je nach ihrem Inhalt durch direkte und/oder indirekte Zwangsmittel vollstreckt werden kann. Für das Vollstreckungsrecht erheblicher ist die zweite traditionelle Klassifikation unter dem Gesichtspunkt der *Übertragung der Rechte*. Dabei sind zwei Unterfälle zu unterscheiden, die für die Zulässigkeit des Zugriffs auf den forderungsgleichen Vermögensbestandteil überhaupt und für das jeweils zulässige Vollstreckungsverfahren von Bedeutung sind:

— Der eine Fall ist die Unterscheidung in *abtretbare* und *nichtabtretbare* forderungsgleiche Vermögensbestandteile, denn nur die übertragbaren Vermögensbestandteile können auch gepfändet werden.

— Das zweite Differenzierungsprinzip geht auf die *Modalitäten der Abtretung* des forderungsgleichen Vermögensbestandteils ein. Hier werden die choses in action in Fallgruppen zusammengefaßt, die auch vollstreckungsrechtlich im wesentlichen einheitlich behandelt werden.

3. Gegenstand einer *Abtretung* (assignment) und somit einer *Pfändung* kann jede Geldforderung (debt) und jeder andere forderungsgleiche Vermögensbestandteil (chose in action)[5] sein.

3.1 *Forderungen* müssen von bestimmter oder bestimmbarer Höhe sein[6]. Grundsätzlich können nur Vermögensbestandteile (property) übertragen werden; das Klagerecht (right of action) ist nicht übertragbar.

Abtretbar und *pfändbar* sind im Regelfall alle Forderungen; dies gilt auch für zukünftig fällige (debt acruing due) und wenn die Abtretung unbedingt erfolgt. Soweit die Höhe fälliger oder zukünftig fälliger

---

[5] Vgl. *Marshall*, Assignment of Choses in Action, 1950; *Schumann*, Forderungsabtretung im englischen Recht, 1924.

[6] Jones v. Humphrey, (1902) 1 K.B. 10, 13; hier wurde eine Forderungsabtretung nicht als den Vorschriften von s. 136 des L.P.A., 1925, entsprechend bezeichnet, weil die Forderung nur in Höhe der jeweils bestehenden und zukünftigen Schulden abgetreten worden war.

Forderungen nicht feststeht, ist nur ein Sicherungsmittel (garnishee order nisi) zulässig[7].

3.2 Die Rechtsprechung hat bei den folgenden *Einzelfällen* die *Abtretung* für *zulässig* angesehen:

Jeder Habensaldo auf einem Bankkonto des Zedenten[8];

fällige Miet(Pacht-)forderungen (rent due)[9];

nicht fällige Wechsel (bill of exchange before maturity)[10, 11].

Weiterhin: Forderungen aus einer Verpflichtung in einer mortgage-Urkunde; Judikatsforderungen (judgment debts); nicht pfändbar ist allerdings das Postsparguthaben bei der Post Office Savings Bank[12].

Abtretbar sind auch sonstige forderungsgleiche Vermögensbestandteile, wie allgemeine Gehaltsforderungen[13]; der Anspruch aus einem Warenlieferungsvertrag von besonderen Sorten[14] und der Gehaltsanspruch aus einem Dienstvertrag[15]. Abtretbar (aber nicht pfändbar) ist auch das Urheberrecht (title to copyright)[16, 17].

3.3 Die *Abtretbarkeit* und *Pfändbarkeit* sind beispielsweise *ausgeschlossen* worden bei folgenden Rechten und Forderungen:

3.3.1 Höchstpersönliche Rechte, z. B. aus Verträgen, die besondere Fähigkeiten erfordern[18], oder solchen, die mit der Abtretung nach den Vertragsbestimmungen sofort untergehen würden, und Rechten aus Fürsorgeleistungen.

3.3.2 Bestimmte Gehaltsforderungen oder Einkunftsquellen, wie etwa Gehälter und Pensionen[19] öffentlicher Bediensteter, z. B. von Richtern[20], Militärpersonen[21] und Polizeibeamten[22]. Künftige Gehaltsforderungen (salary not yet payable) sind ebenfalls unpfändbar[23].

---

[7] Lucy v. Wood, (1884) W.N. 58.
[8] Walker v. Bradford Old Bank, (1884) 12 Q.B.D. 511 (Abtretung); Rogers v. Whiteley, (1892) A.C. 118 (Pfändung).
[9] Mitchell v. Lee, (1867) L.W. 2 Q.B. 259 (Pfändung).
[10,11] Hyam v. Freeman, (1890) 35 S.J. 87 (Pfändung).
[12] Post Office Savings Bank Act, 1861, s. 11.
[13] Horwood v. Timber, (1917) 1 K.B. 305 (Abtretung).
[14] Dawson v. Great Northern and City Railways, (1905) 1 K.B. 260, 275 (C.A.).
[15] Horwood v. Millar's Timber and Trading Co., Ltd., (1917) 1 K.B. 305 (C.A.).
[16,17] Copyright Act, 1956, ss. 36, 37.
[18] Tolhurst v. Associated Portland Cement Manufacturers, (1900), Ass. Portland Cement Manufacturers v. Tolhurst, (1902), 2 K.B. 660 (C.A.), 670, 677; Kemp v. Baerselmann, (1906).
[19] Birch v. Birch, (1883) 8 P.D. 163.
[20] Arbuthnot v. Norton, (1864) 5 Moo. P.C.C. 219.
[21] Army Act, Air Force Act, 1954, s. 203.
[22] Police Pensions Act, 1948, s. 7.
[23] Hall v. Pritchett, (1878) 3 Q.B.D. 215.

§ 3. System der subjektiven Vermögensrechte

3.3.3 Ansprüche aus einem bereits erfolgten Vertragsbruch[24] oder aus Delikt (tort)[25], solange noch keine gerichtliche Entscheidung ergangen ist (andererseits ist die Ersatzforderung aus einem fahrlässig verursachten Schaden für abtretbar gehalten worden[26]). Die Befugnis, Antrag auf Kostenentscheidung zu stellen[27], ist ebenfalls nicht abtretbar.

4. Unter dem *Gesichtspunkt der Modalitäten der Abtretung* ergibt sich die folgende Systematik der forderungsgleichen Vermögensbestandteile:

4.1 *Forderungen* und Rechte, die nach den *allgemeinen Vorschriften* des Common Law und der Equity *abgetreten* werden. Zu ihnen gehören Forderungen, wie Gehalts- und Dividendenansprüche, Vertragsrechte u. ä. Sie entsprechen den deutschen unverbrieften Rechten und Forderungen.

4.2 Eine *zweite Gruppe* ist diejenige, die nach *Sondervorschriften* abgetreten oder verpfändet wird, wie Lebensversicherungspolicen, ‚stocks and shares', die nicht auf den Inhaber lauten (registered or inscribed stocks and shares), und Patent- und Urheberrechte (patent- und copyrights). Sie entsprechen deutschen Rechten, die ebenfalls nach Sondergesetzen zu behandeln sind, sowie im Wertpapierbereich den Rechten, die in nicht verkörpernden Wertpapieren verbrieft sind, über die im deutschen Recht nach den Grundsätzen des Schuldrechts verfügt wird.

Die Aktie *(share)* ist überwiegend Namensaktie. Von ‚share' als Mitgliedschaftsrecht, als Anteil am Grundkapital und am Liquidationserlös ist zu unterscheiden die Aktienurkunde (share certificate)[28], die über eine beliebige Anzahl von ‚shares', die im Aktienbuch auf den Namen der Aktionäre eingetragen sind, ausgegeben wird. Verkauf und Übertragung der ‚share certificates'[29] erfolgt aufgrund eines Formblattes, das nur vom Käufer zu unterschreiben (und nicht mehr zu beglaubigen) ist.

Unter *stock* versteht man den Gesamtbetrag aller Anleiheschulden, die auf einen bestimmten Betrag und auf den Namen lauten und im Schuldbuch des Staates (Government Stock) oder einer Handelsgesellschaft eingetragen sind.

4.3 Die *dritte Gruppe* sind die Wertpapiere i. e. S., d. h. ‚*negotiable instruments*' und ‚*seminegotiable instruments*'. Die einen entsprechen

---

[24] May v. Lane, (1894) 64 L.J.Q.B. 236 (C.A.); Torkington v. Magee, (1902) 2 K.B. 427, 434.
[25] Defries v. Milne, (1903) 1 Ch. 98.
[26] King v. Victoria Insurance Co., (1896) A.C. 250 (P.C.).
[27] Re Marly Laboratory Ltd.'s Application, (1952) 1 All. E.R. 1057 (C.A.).
[28] Vgl. Companies Act, 1948, s. 81.
[29] Stock Transfer Act, 1963.

verkörpernden Wertpapieren, die anderen den Orderpapieren des Handelsrechts. Hierher gehören der Wechsel (bill of exchange), Schuldscheine (promissory notes), Schecks (cheques) und bestätigte Guthaben einer Bank (confirmed credits). Die Übertragung erfolgt bei ihnen allein durch Einigung und Übergabe, wenn sie an den Inhaber zu zahlen sind, oder durch Indossement und Übergabe, wenn sie an Order lauten. Die Zahlung einer Gegenleistung wird vorausgesetzt. Der gutgläubige Erwerber, der sie gegen Geld erworben hat, erhält einen unanfechtbaren Titel (good title); Mängel im Recht früherer Besitzer können ihm nicht entgegengehalten werden.

Somit fallen die in Wertpapieren i. e. S. (negotiable instruments) verbrieften Forderungen und Rechte ihrer rechtlichen Behandlungsweise nach bei der Veräußerung oder Abtretung aus dem Kreis der forderungsgleichen Vermögensbestandteile (choses in action) heraus, obwohl sie zu diesen zählen. Ihre rechtliche Behandlung erfolgt nach den Regeln der Übereignung von beweglichen Sachen, in der Belastungsform nach den Vorschriften des ‚pledge'.

Hierher gehören auch ‚*debentures*', soweit sie auf den Inhaber lauten. Das Wort ‚debenture' ist eine Sammelbezeichnung für verschiedene Arten von Schuldverschreibungen oder Schuldversprechen, die vorwiegend bei Handelsgesellschaften (companies) gebräuchlich sind.

Eine ‚debenture' wird gewöhnlich in Form einer gesiegelten Urkunde (deed) begeben und kann entsprechend ihrem Verwendungszweck in unterschiedlicher Weise rechtlich ausgestaltet werden. Sie ist einmal als Inhaberschuldverschreibung (debenture payable to bearer) möglich; in diesem Fall liegt ein ‚negotiable instrument' vor, das durch einfache Übergabe (delivery) übertragen und frei von gegenüber den früheren Inhabern bestehenden Einreden erworben wird.

Als ‚debenture payable to registered holders'[30] sind sie dagegen nur als allgemeine forderungsgleiche Vermögensbestandteile (choses in action), behaftet mit allen Einreden gegen den Zedenten, übertragbar[31].

Je nach Zahl der Geldgeber kann sie in Form einer Serie oder aber auch als Schuldversprechen gegenüber einem einzelnen Gläubiger ausgestellt werden[32]. Bei serienweiser Ausgabe sind die ‚debentures' gleichrangig und werden gleichmäßig eingelöst, wenn sie mit einer „pari passu"-Klausel versehen sind[33], andernfalls werden die ‚debentures' mit

---

[30] Zur Registrierung vgl. Companies Act, 1948, ss. 86 et seq.
[31] Vgl. die vorige Gruppe 4.2.
[32] Levy v. Abercorris Slate and Slab Co., (1887) 37 Ch.D. 260, 264.
[33] Vgl. Re Midland Express, Ltd., (1913) 1 Ch. 499.

früherem Ausgabedatum bzw. bei gleichem Datum mit der kleineren Seriennummer bevorzugt eingelöst[34].

Eine ‚debenture' kann mit oder ohne eine Sicherung bestellt werden. In der Regel ist sie durch eine gewöhnliche dingliche Sicherung, eine ‚fixed' oder ‚specific charge'[35], an den nicht ständig wechselnden Bestandteilen des Unternehmens, wie den Grundstücken und Maschinen, und durch eine ‚floating charge' an den übrigen Vermögenswerten gesichert.

Wie shares können auch debentures in Form eines ‚stock', des sog. ‚debenture stock', begeben werden. In diesem Fall liegt nicht eine Vielzahl von Schuldversprechen vor wie bei der Ausgabe einer Serie von ‚debentures'. Die gesamte Anleihe bildet vielmehr eine einheitliche Forderung, an der dem einzelnen Gläubiger (stockholder) jeweils ein Bruchteil zusteht. Über die einzelnen Anteile können je nach ihrer Höhe ‚debenture stock certificates' ausgestellt werden, die entsprechend der Ausgestaltung des stock Inhaber- oder Namensobligationen (bearer oder registered stock) sind.

Wegen der Vielfalt der Erscheinungsformen einer ‚debenture' läßt sich — da es auf die Bezeichnung als ‚debenture' nicht ankommt[36] — letztlich nur ein Merkmal finden, das allen debentures gemeinsam ist, nämlich ein Schuldversprechen oder ein Schuldanerkenntnis[37]. Nicht als ‚debentures' werden etwa promissory note (Eigenwechsel) und I.O.U. (Schuldschein) angesehen.

---

[34] Gartside v. Silkstone and Dodworth Coal and Iron Co., (1882) 21 Ch.D. 762.

[35] Diese hat entweder die Form einer ‚equitable charge' oder einer ‚charge by way of legal mortgage', L.P.A. 1925, s. 87. Nach dem LPA wird eine mortgage of land nicht mehr durch Vollrechtsübertragung bestellt. Neben der charge by way of legal mortgage gibt es nur noch die mortgage by demise for a term of years absolute, L.P.A. 1925, s. 85.

[36] Lemon v. Austin Friars Investment Trust, Ltd. (1926) Ch. 1, 18 (C.A.).

[37] Vgl. Levy v. Abercorris Slate and Slab Co., Fn. 32: a debenture means a document which either creates a debt or acknowledges it, and any document which fulfils either of these conditions is a "debenture". Vgl. ferner Lemon v. Austin Friars etc. Trust, a.a.O., p. 13: the root meaning of the word is "indebtedness".

Abschnitt II

Die Organe der Vollstreckung

Kapitel I

Die Vollstreckungsgerichte

§ 4. Die County Courts

Literatur:
Ruttle, County Court Practice, 1974.

Unter einem Vollstreckungsorgan wird eine staatliche oder kommunale Instanz verstanden, die für die Erzwingung von Vollstreckungstiteln, also insbesondere von Urteilen zuständig ist. Es ist dabei zwischen Vollstreckungsgerichten bzw. Vollstreckungsrichtern und Vollstreckungsbeamten zu unterscheiden.

Die County Courts sind Vollstreckungsgerichte für ihre eigenen Urteile. Darüber hinaus kann die Vollstreckung aus einem Urteil des High Court an einem County Court betrieben werden, als sei es ein County Court-Urteil[1]. Hierzu muß der Vollstreckungsgläubiger das Urteil an dem örtlich zuständigen County Court registrieren lassen.

Die dem Vollstreckungsgericht des High Court (Master oder Registrar) und dem zugehörigen Vollstreckungsbeamten (Sheriff) analogen Organe am County Court sind der County Court Registrar bzw. seine Bailiffs.

§ 5. Die Magistrates' Courts

Hauptquellen:
Magistrates' Courts Act, 1952 (M.C.A.).
Magistrates' Courts Rules 1952 (M.C.R.).

Literatur:
Shaw / Chambers, Enforcement of Money Payments in Magistrates' Courts, 1973.

Die Zivilgerichtsbarkeit der Magistrates' Courts erstreckt sich auf die Funktionen als Familiengericht (Domestic Court), Jugendgericht (Juvenile Court) und als sonstiges Zivilgericht (Adult Court). In diesem Zusammenhang ergehen insbesondere Unterhaltsbeschlüsse, aber auch andere Zahlungsanordnungen.

---

[1] Administration of Justice Act, 1956, s. 39; C.C.A., 1959, s. 139.

Regelmäßig sind Zahlungen aufgrund solcher Beschlüsse an den Clerk des Magistrates' Court[1] oder an den Berechtigten zu leisten[2]. Leistet der Judikatsschuldner nicht, kann der Magistrates' Court durch einen *Warrant of Distress*[3] die Zwangsvollstreckung einleiten.

§ 6. Der High Court

Literatur:
Jacob, Supreme Court Practice, 1972.

1. Vollstreckungsrichter des High Court sind grundsätzlich die Unterrichter, d. h. die Masters, Registrars und District Registrars. Sie haben z. B. die allgemeine Zuständigkeit in Garnishee- und Interpleader-Verfahren[1]. Die tatsächliche Wahrnehmung dieser Funktion ist jedoch weitgehend an höhere Justizbeamte, nämlich die Chief und Principal Clerks im Beamtenrange eines Principal and Senior Executive Officer delegiert[2]. Diese ernennen insbesondere den Zwangsverwalter (receiver by way of equitable execution) als Vollstreckungsmittel[3] und können in diesem Zusammenhang auch unterstützende (ancillary) oder ergänzende (incidental) ‚injunctions' erlassen[4]. Sie erlassen auch die Charging Orders[5].

Die allgemeinen Vollstreckungsbefehle (Writs of Execution) werden vom Londoner Central Office des Supreme Court in allen Queen's Bench und Chancery Angelegenheiten erlassen, sowie von den lokalen District Registries[6].

2. Soweit als Vollstreckungsmittel Haft, insbesondere Schuldhaft verhängt wird, ist als Vollstreckungsrichter die ausschließliche sachliche Zuständigkeit der Oberrichter (Judges) begründet; die Unterrichter sind bei Angelegenheiten, die die Freiheit der Person betreffen, unzuständig[7].

---

[1] M.C.R., 1952, r. 38 (1).
[2] M.C.R., 1952, r. 38 (2).
[3] s. u. § 15.
[1] R.S.C.Ord. 49, r. 1 (1); Ord. 17, r. 4; vgl. §§ 18, 30.
[2] Vgl. Practice Direction, (1974) 1 W.L.R. 461.
[3] R.S.C.Ord. 51, r. 2; R.S.C.Ord. 32, r. 23. Vgl. § 20.
[4] R.S.C.Ord. 30, r. 1 (2); Ord. 50, r. 2
[5] R.S.C.Ord. 50, r. 1 (1). Vgl. § 27.
[6] R.S.C.Ord. 46, r. 6 (6) (a) (d).
[7] R.S.C.Ord. 32, r. 11 (1) (b); Ord. 52, r. 1 (3).

Kapitel II

**Die Vollstreckungsbeamten
(Executive Officers)**

§ 7. Der County Court Bailiff und die Vollstreckungsbeamten des Magistrates' Court

Am *County Court* heißt der Vollstreckungsbeamte Bailiff und wird im Regelfall vom County Court Registrar ernannt[1]. Er vollstreckt die Warrants of Execution, insbesondere durch Pfändung des beweglichen Vermögens (goods and chattels) des Vollstreckungsschuldners[2].

Die Vollstreckungsbeamten bei Entscheidungen des *Magistrates' Court* in Zivilsachen sind der Clerk of the Justices und die örtliche Polizeibehörde.

§ 8. Der Sheriff und seine Beamten

Hauptquelle:
Sheriffs Act, 1887, (Sh.A.).

Literatur:
Atkinson, High-Sheriff, Under-Sheriff, Bailiff, 1878.
Beaumont, Law Relating to Sheriffs, 1968.
Gladwin, The Sheriff, 1974.
Mather, Sheriff and Execution Law, 1935.

1. Allgemeiner Vollstreckungsbeamter in High Court-Prozessen ist der *Sheriff* derjenigen Grafschaft, in der die Vollstreckung durchgeführt werden soll. Der Sheriff wird jährlich für jede Grafschaft (county) ernannt[1]; es besteht ein besonderes Auswahl-[2] und Ernennungsverfahren[3]. Die gesetzliche Möglichkeit, das Sheriffsamt abzulehnen, ist in einer Anzahl von Fällen gegeben.

Der Sheriff ernennt den *Unter-Sheriff* (under-sheriff)[4], für den keine besonderen Ernennungsvoraussetzungen vorgesehen sind; er ist im Regelfall ein erfahrener Solicitor. Seine Ernennung kann nach Ablauf der Amtsperiode beliebig erneuert werden. Der Sheriff ernennt außerdem die *Deputy Sheriffs* und die *Bailiffs* innerhalb des Sheriff's Office[5].

Die örtliche Zuständigkeit des Sheriffs bestimmt sich danach, wo sich der der Vollstreckung unterliegende Gegenstand befindet. An diesen

---

[1] C.C.A., 1959, s. 28 (1).
[2] C.C.A., 1959, s. 124 (1).
[1] Sh.A., 1887, s. 3.
[2] Sh.A., 1887, s. 6.
[3] Sh.A., 1887, s. 7. Municipal Corporation Act, 1882, s. 170.
[4] Sh.A., 1887, s. 23.
[5] Sh.A., 1887, s. 24.

Sheriff ist der Writ of Execution, insbesondere der Writ of Fieri Facias gerichtet, der die Zwangsvollstreckung einleitet.

2. Der Unter-Sheriff leitet die Vollstreckungsbehörde, während die direkten Zwangsmaßnahmen auf seinen Befehl *(under-sheriff's warrant)* von den Bailiffs oder Sheriff's Officers vorgenommen werden, die den Weisungen des Sheriff und Unter-Sheriff unterstehen. Es besteht auch die Möglichkeit, einen Dritten als Vollstreckungsgehilfen zu beauftragen (special bailiff).

Der Sheriff haftet für alle Handlungen seiner Untergebenen den Parteien und auch Dritten gegenüber, und im Innenverhältnis sind die Unterbeamten dem Sheriff aus dem Anstellungsvertrag regreßpflichtig. Der Sheriff macht sich bei Übermaßpfändung schadensersatzpflichtig. Gegen Schadensersatzansprüche bei Zwangsverkauf von nicht der Vollstreckung unterliegenden Gegenständen an gutgläubige Erwerber ist er in gewissem Umfang geschützt[6]. Er ist ohne Zustimmung des Vollstreckungsschuldners nicht befugt, die gepfändeten Sachen auf dessen Grundstück zu veräußern[7].

3. Der Sheriff ist kraft gesetzlichen Verbotes nicht in der Lage, die Zwangsvollstreckung durchzuführen, sofern es sich um solche in das Einkommen eines mit einem Lehnsgut der Staatskirche ausgestatteten Geistlichen handelt, der kein eigenes Vermögen oder sonstiges Einkommen besitzt. Hier wird die Zwangsvollstreckung durch den Bischof[8] durchgeführt, der erst eingreifen kann, nachdem durch den Sheriff festgestellt ist, daß kein Vermögen vorhanden ist.

§ 9. Der Admiralty Marshal
Hauptquelle:
R.S.C.Ord. 75.
Literatur:
McGuffie, Admiralty Practice, 1964.

I. Zustellungen und Zwangsvollstreckung im Seeprozeß werden durch einen besonderen Beamten des Seegerichts im High Court (Admiralty Court), den Marshal, durchgeführt[1], dem einige technische Unterbeamte unterstellt sind, die von ihm selbst ernannt und entlassen werden.

Der Marshal wird vom Präsidenten der Queen's Bench Division des High Court auf Lebenszeit berufen. Eine Amtsenthebung ist nur im Wege des Disziplinarverfahrens möglich. Besondere Voraussetzungen

---

[6] Bankruptcy and Deeds of Arrangement Act, 1913, s. 15.
[7] Watson & Murray & Co., (1955) 2 Q.B. 1.
[8] R.S.C.Ord. 47, r. 5 (1) (2).
[1] R.S.C.Ord. 75, rr. 8 (3), 10 (2).

der Ernennung sind nicht vorgeschrieben, insbesondere braucht der Marshal kein Jurist zu sein.

II. Der Marshal wird nur in seerechtlichen Streitigkeiten tätig, insbesondere als Vollstreckungsorgan bei ‚actions in rem', bei denen die Zwangsvollstreckung in dem Verkauf der arrestierten Sache besteht.

Kommt es nach rechtskräftiger Entscheidung nicht zu einer Einigung der Parteien, so ergeht auf Antrag einer Partei der Befehl des Gerichts an den Marshal, die Sache taxieren und verkaufen zu lassen. Auf diesen Befehl hin hat der Marshal die Streitsache durch von ihm ernannte Taxatoren abschätzen und dann öffentlich durch einen mit derartigen Verkäufen ständig Beauftragten verkaufen zu lassen. Über den Verkauf hat er in der Admiralty Registry unter Ablieferung des Erlöses Rechnung zu legen.

Abschnitt III

Allgemeine Vollstreckungsvoraussetzungen

§ 10. Vollstreckungsvoraussetzungen und -grundsätze

I. Als *Vollstreckungsvoraussetzungen* ist bei High Court-Entscheidungen ihre *Eintragung* (entry) erforderlich. Eventuelle Fristen müssen verstrichen sein[1]. Ein der Vollstreckungsklausel entsprechendes allgemeines *Vollstreckungszeugnis* gibt es im englischen Vollstreckungsrecht durch Stempelung (sealing)[1a].

Mit Ablauf von sechs Jahren in der High Court-Vollstreckung und zwei Jahren in der County Court-Vollstreckung nach Erlaß des Urteils darf die Vollstreckung nur unter besonderer Genehmigung (leave) erfolgen[2]. Nach Ablauf von 12 Jahren wird die Genehmigung nicht mehr erteilt, da die Urteilsforderung dann verjährt[3].

Sofern ein *Parteiwechsel* (change of parties) nach Erlaß des Urteils erfolgte, ist für die Einleitung der Vollstreckung ebenfalls eine Genehmigung erforderlich[4]. Das gleiche gilt für die Vollstreckung von aus einem Konkurs nachgebliebenen, nach erfolgter Eintragung der Einzelvollstreckung unterliegenden Forderungen[5]. Für die Genehmigung ist der Nachweis erforderlich, daß der Schuldner nach Beendigung des Konkurses erneut Vermögen erworben hat.

Bei bedingten Vollstreckungstiteln muß als Voraussetzung der Vollstreckung die Bedingung eingetreten sein, bzw. der Vollstreckungsgläubiger muß von ihm vorzunehmende Handlungen angeboten haben. Geht der Vollstreckungsschuldner darauf nicht ein, ist mit Genehmigung (leave) des Gerichts Vollstreckung zulässig[6].

II. Dem englischen Zivilprozeß ist die Unterscheidung von *vorläufiger* und *endgültiger Vollstreckbarkeit* unbekannt. Die die Instanz beendende Entscheidung des Gerichts (final decision) hat die Wirkung

---

[1] z. B. R.S.C.Ord. 46, r. 6 (4) (b).
[1a] R.S.C.Ord. 46, r. 6.
[2] R.S.C.Ord. 46, r. 2 (1); C.C.R.Ord. 25, r. 16.
[3] Limitation Act, 1939, s. 2 (4).
[4] R.S.C.Ord. 46, r. 2 (1) (b); C.C.R.Ord. 25, r. 6 (1) (a).
[5] B.A., 1914, s. 26 (2) (IV); B.R. 1952, r. 235.
[6] R.S.C.Ord. 46, r. 2 (d).

einer res iudicata: Die im Urteil ausgesprochene Leistungsverpflichtung ist durch das Urteil zwischen den Parteien eine ‚conclusive evidence' geworden, d. h. die Existenz des Urteils stellt einen unwiderleglichen Beweis für die in ihm festgestellte Schuld dar. Daraus ergibt sich, daß für den Urteilsgläubiger (judgment creditor) ohne Rücksicht auf offenstehende Rechtsmittel sogleich die Möglichkeit besteht, die Schuld im Vollstreckungsverfahren beitreiben zu lassen. Erforderlich ist bei der Vollstreckung wegen einer Geldforderung lediglich, daß der Vollstreckungsgläubiger im Besitz der Urteilsausfertigung ist und diese dem zuständigen Justizbeamten vorlegt. Es steht im Ermessen des Vollstreckungsgerichts, die Vollstreckung vor Ablauf einer gewissen Frist zu untersagen.

Wenn auch die Möglichkeit, das Urteil durch Einlegung von Rechtsmitteln zu suspendieren, die sofortige Zwangsvollstreckung nicht hindert, so kann doch der Vollstreckungsschuldner die *vorläufige Einstellung der Vollstreckung* (stay of execution) — regelmäßig nur gegen Sicherheitsleistung — erwirken[7].

Ein entsprechender Beschluß kann vom Instanzgericht wie auch von dem angerufenen Berufungsgericht erlassen werden. Die Gerichte haben in der Behandlung des zu begründenden Antrags auf Einstellung der Vollstreckung weiten Ermessensspielraum. Die Tatsache der Rechtsmitteleinlegung reicht nicht aus; es müssen vielmehr noch besondere Umstände hinzutreten.

Der Vollstreckungsschuldner kann durch die Einstellung die für ihn nachteiligen Folgen einer ungerechtfertigten Vollstreckung vermeiden. Der Nachweis, daß die Vollstreckung im gegenwärtigen Zeitpunkt für ihn einen unverhältnismäßigen Schaden bedeuten würde, rechtfertigt den Antrag auf Einstellung.

Die vorläufige Einstellung der Vollstreckung bezieht sich jedoch nur auf die Zwangsvollstreckung in engerem Sinne, d. h. durch Writ of Fieri Facias. Der Sicherung dienende Vollstreckungsmittel sind dadurch nicht ausgeschlossen[8].

III. Ein Vollstreckungsgläubiger, der einen Writ of Fieri Facias oder ein sonstiges Vollstreckungsmittel erwirkt hat, aufgrund dessen der Vollstreckungsbeamte der Vollstreckung unterliegende Gegenstände beschlagnahmt (seizure, attachment), erwirbt durch die Beschlagnahme ein *Recht auf den Erlös* (benefit) aus der Vollstreckung. Grundregel für alle Rechte aus der Zwangsvollstreckung ist, daß sie dinglich wirkenden

---

[7] R.S.C.Ord. 47, r. 1; C.C.A., 1959, ss. 99 (2), 123, 138 (3).

[8] Berliner Industriebank Aktiengesellschaft v. Jost, (1971) 2 Q.B. 463; (1971) 2 All. E.R. 1513, 1519 (C.A.).

§ 11. Vollstreckungstitel (Enforceable Judicial Acts)

Rechten nachgehen[9], bzw. dinglich wirkende Rechte sind solche, die den durch Zwangsvollstreckungsmaßnahmen begründeten vorgehen.

§ 11. Vollstreckungstitel (Enforceable Judicial Acts)

1. Gerichtliche Entscheidungen (Judikate, judicial acts) sind grundsätzlich mit ihrem Erlaß vollstreckungsfähig, insbesondere *Urteile* (judgments), aber auch *gerichtliche Beschlüsse* (orders)[1]. Die Vollstreckbarkeit erlangt das Judikat durch seine Registrierung (entry), eine besondere Vollstreckungsklausel ist nicht vorgesehen. *Versäumnisurteile* (judgments in default) sind wie andere Urteile ohne weiteres, und zwar wenn keine Zeit im Urteil bestimmt ist, sofort vollstreckbar.

2. Bestimmte Judikate bedürfen der Vollstreckbarerklärung (leave to issue execution)[2]. Der Vollstreckbarkeitsbeschluß (order for leave to issue execution) wird registriert (filing), wodurch diese Judikate ebenfalls zu Vollstreckungstiteln werden. Darüber hinaus bedürfen bestimmte Vollstreckungsverfahren der gerichtlichen Genehmigung, z. B. die Zwangsverwahrung (order for leave to issue writ of sequestration)[3].

3. Bestimmte Judikate bedürfen zur Vollstreckbarkeit der Exequatur durch Registrierung (registration), die durch gerichtlichen Beschluß zugelassen sein muß (order giving leave to register), und zwar ausländische Urteile und ausländische Schiedssprüche[4].

4. Durch Registrierung in Urteilsform können auch im Konkurs zurückgebliebene, dem Gemeinschuldner im Entlastungsbeschluß *(order of discharge)* nicht erlassene Konkursforderungen einen Vollstreckungstitel erhalten (judgments on bankruptcy order of discharge). Das Konkursgericht kann dem Gemeinschuldner aufgeben, der Registrierung zuzustimmen[5]. Dies ermöglicht Vollstreckung auch nach Beendigung des Konkurses, wie auch allgemein aus einem ‚bankruptcy judgment' oder ‚order'.

5. Vollstreckungstitel sind auch die *vollstreckbaren* anwaltlichen *Urkunden* (enforceable undertakings given by a solicitor)[6].

6. Englische[7] *Schiedssprüche* (awards) werden in einem einfachen Beschlußverfahren auf Antrag (application) für vollstreckbar erklärt.

---

[9] Re Standard Manufacturing Co., (1891) 1 Ch. 627, 641 (C.A.): "It is well settled that an execution creditor takes subject to all the equities."
[1] R.S.C.Ord. 45, r. 1 (1).
[2] R.S.C.Ord. 46, r. 2.
[3] R.S.C.Ord. 46, r. 5. Vgl. § 22.
[4] s. u. §§ 45 bis 47.
[5] B.A., 1914, s. 26 (2) (IV).
[6] United Mining and Finance Corporation, Ltd. v. Becker, (1910) 2 K.B. 296; C.C.R.Ord. 25, r. 69 (1).
[7] Zur Anerkennung und Vollstreckung ausländischer Schiedssprüche s. u. § 47.

Das Vollstreckungsgericht (Master in chambers)[8] erteilt die Vollstreckbarerklärung im summarischen Verfahren (summary proceedings), der Beschluß *(order for leave to enforce)*[9] wird registriert. Der Schiedsspruch kann aber auch auf Antrag als Urteil registriert werden (application to enter *judgment in terms of the award*).

Außerdem ist eine Judikatsklage als *action on the award* zulässig[10].

§ 12. Verhältnis von Zwangsvollstreckung und Konkurs

Hauptquelle:
Bankruptcy Act, 1914 (B.A.).
Bankruptcy Act, 1952.

Literatur:
Crystal, Handbook on Bankruptcy, 1978.
Eckstein, Englisches Konkursrecht, 1935.
Frackenpohl, Englisches Konkurs-Verfahren, 1933.
Fridman / Hicks / Johnson, Bankruptcy, 1970.
Griffiths, Bankruptcy, 1957.
Thomson, Principles of Bankruptcy, 1967.
Weaving, Bankruptcy Practice in County Courts, 1967.
Williams, Bankruptcy, 1968.

I. Es gilt der Grundsatz, daß der Vollstreckungsgläubiger (execution creditor) durch eine Vollstreckungsmaßnahme begründete Rechte im Konkurs des Vollstreckungsschuldners nur behält, wenn die Vollstreckung vor dem Konkurs beendigt ist[1]. Der Rechtsverlust tritt nicht nur ein, wenn die Vollstreckung erst nach dem Eröffnungsbeschluß (receiving order), sondern auch, wenn sie vor diesem, aber nach Beginn des Bankrotts, d. h. nach Begehung einer im Konkurs wirksamen Bankrotthandlung (act of bankruptcy) beendigt worden ist und der Vollstreckungsgläubiger zur Zeit der Beendigung der Zwangsvollstreckung von der Begehung einer solchen Handlung oder der Stellung eines Konkursantrags (bankruptcy petition) Kenntnis hatte. Die Beschlagnahme im Wege der Zwangsvollstreckung und die Zwangsveräußerung sind selbst Bankrotthandlungen[2]; aber diese in der Vollstreckung selbst liegenden Bankrotthandlungen kommen für die Frage der Wirksamkeit der Vollstreckung im Konkurs nicht in Betracht[3], wohl aber die von dieser verschiedene Bankrotthandlung, die in der Beschlagnahme und im darauf folgenden 14tägigen Besitz des Vollstreckungsbeamten liegt[4]. Dabei

---

[8] R.S.C.Ord. 73, r. 3 (1).
[9] Arbitration Act, 1950, s. 26; County Courts Act, 1959, s. 139.
[10] Re Boks & Co. and Peters, Rushton & Co., (1919) 1 K.B. 491.
[1] B.A., 1914, s. 40 (1).
[2] B.A., 1914, s. 40 1 (1) (e).
[3] B.A., 1914, s. 40 (3).
[4] Figg v. Moore, (1894) 2 Q.B. 690.

§ 12. Verhältnis von Zwangsvollstreckung und Konkurs

gilt der 21 tägige Besitz des Vollstreckungsbeamten dem Vollstreckungsgläubiger als bekannt, während die Kenntnis des Vollstreckungsbeamten, daß der Schuldner eine sonstige Bankrotthandlung begangen hat, dem betreibenden Gläubiger nicht zugerechnet wird.

Soweit es sich um die Vollstreckung in bewegliche Sachen wegen einer Summe von mehr als £ 20 handelt, muß der Vollstreckungsbeamte mit der Auszahlung des Verkaufserlöses oder des vom Vollstreckungsschuldner zur Vermeidung der zwangsweisen Veräußerung freiwillig gezahlten Betrages an den Gläubiger 14 Tage warten[4a]. Wird ihm innerhalb dieser Frist die Mitteilung von der Stellung eines Konkursantrages zugestellt und kommt es aufgrund dieses oder eines späteren, vor Auszahlung des Betrages dem Vollstreckungsbeamten bekannt werdenden Konkursantrages zum Konkurs des Vollstreckungsschuldners, so fällt der beigetriebene oder gezahlte Betrag in die Konkursmasse.

II. Erforderlich ist die *Beendigung (completion)* der Zwangsvollstreckung; es kommt nicht auf den Zeitpunkt an, in dem der Vollstreckungsgläubiger nach den Grundsätzen des Vollstreckungsrechts ein Recht auf Befriedigung aus dem Gegenstand der Vollstreckung erhält. Ein durch die Zwangsvollstreckung begründetes Verwertungsrecht kann also durch einen späteren Konkurs unwirksam werden.

Bei der Vollstreckung in beweglichen Sachen (goods, chattels corporeal) gilt als Beendigung die Veräußerung[5], bei der Vollstreckung in Geldforderungen der Empfang der geschuldeten Summe[6], bei der Vollstreckung in ein Grundstück die Ernennung des Zwangsverwalters (receiver)[7].

Die freiwillige Zahlung der beizutreibenden Summe durch den Vollstreckungsschuldner beendigt ebenfalls die Zwangsvollstreckung[8].

Zahlungen, die der Vollstreckungsschuldner bei schwebender Zwangsvollstreckung leistet, hat der Vollstreckungsbeamte herauszugeben[9]. Er hat Zahlungen, die zur Vermeidung der Zwangsveräußerung geleistet werden, zurückzubehalten und gegebenenfalls an die Masse abzuliefern[10]. Zahlungen, die noch vor der Pfändung bewirkt werden (money paid to avoid seizure), sind nach den Bestimmungen über die Wirksamkeit von Rechtsgeschäften und nicht von Zwangsvollstreckungsmaßnahmen zu beurteilen[11].

[4a] B.A., 1914, s. 41 (2).
[5] B.A., 1914, s. 40 (2).
[6] George v. Thomson's Trustee, (1949) Ch. 322; (1949) 1 All E.R. 554.
[7] B.A., 1914, s. 40 (2); Administration of Justice Act, 1956, s. 36 (4).
[8] B.A., 1914, s. 41 (1).
[9] B.A., 1914, s. 41 (1).
[10] B.A., 1914, s. 41 (2).
[11] Bower v. Hett, (1895) 2 Q.B. 51, 337; 73 L.T. 176.

Die Pflicht des Vollstreckungsbeamten, den beigetriebenen oder gezahlten Betrag erst nach 14 Tagen an den Gläubiger auszuzahlen und ihn an die Masse abzuliefern, wenn er in dieser Zeit Kenntnis von einem Konkursantrag gegen den Schuldner erhält, kann nicht dadurch umgangen werden, daß der Schuldner unmittelbar an den Gläubiger zahlt. Die Zahlung wird vielmehr in diesem Fall wie eine Zahlung an den Vollstreckungsbeamten behandelt, so daß der Vollstreckungsgläubiger erst nach 14 Tagen ein in Konkurs nicht mehr angreifbares Recht an der gezahlten Summe erwirbt[12].

Ist das Vollstreckungsverfahren trotz der Unwirksamkeit der Rechte des Vollstreckungsgläubigers der Masse gegenüber durchgeführt worden, so ist die Zwangsvollstreckung zwar wirksam[13]. Wenn der Konkursverwalter (receiver) den Vollstreckungsbeamten nicht zur Herausgabe der gepfändeten Sache auffordert, muß dieser sogar die Betreibung fortsetzen, jedoch fällt der Erlös in die Masse[14]. Dasselbe gilt für Zahlungen des Drittschuldners (garnishee) an den Vollstreckungsschuldner nach endgültigem Pfändungs- und Überweisungsbeschluß (garnishee order absolute) hinsichtlich der Forderung[15].

III. Vollstreckungsmaßnahmen aus Titeln über Konkursforderungen sind nach Erlaß des Eröffnungsbeschlusses (receiving order) nicht mehr möglich[16], d. h. ein im Konkurs wirksames Recht an dem Gegenstand der Vollstreckung kann von diesem Zeitpunkt an nicht mehr begründet werden[17].

---

[12] Re Jenkins, ex p. The Trustee, 90 L.T. 65.
[13] B.A., 1914, s. 40 (3).
[14] B.A., 1914, s. 40 (1).
[15] Vgl. § 18.
[16] B.A., 1914, s. 7 (1).
[17] Die Bestimmungen des B.A., 1914, ss. 40, 41 sind in den Companies Act, 1929, ss. 268, 269 übernommen worden.

Abschnitt IV

Die Vollstreckungsverfahren (Institutioneller Teil)

Kapitel I

Die direkten Vollstreckungsverfahren
(Direct Methods of Enforcement)

§ 13. Writ of Fieri Facias (High Court)

Hauptquelle:
R.S.C.Ord. 47.

Literatur:
Halsbury, Laws, Vol. 16 No. 67 et seq.

I. Der *Writ of Fieri Facias* leitet die Zwangsvollstreckung (execution) wegen einer Geldforderung in die bewegliche Habe des Vollstreckungsschuldners ein. Er ist eine Anweisung an den Vollstreckungsbeamten (Sheriff), den Vollstreckungsgläubiger durch Pfändung und Verkauf von beweglicher Habe aus dem Vermögen des Vollstreckungsschuldners zu befriedigen[1]. Der Wert des gepfändeten Objekts soll, soweit möglich, dem Betrag der Forderung entsprechen.

Geld und auf eine Geldleistung lautende Wertpapiere (negotiable instruments), die sich im Gewahrsam des Vollstreckungsschuldners befinden, können gepfändet werden[2]; Urkunden über Rechte am Grundeigentum usw. sind in diesem Vollstreckungsverfahren nicht pfändbar.

Der Erlös aus der Veräußerung der gepfändeten Objekte kommt den Vollstreckungsgläubigern in der Reihenfolge zu, in der die betreffenden Writs beim Sheriff zugegangen sind[3].

Die Pfändung allein gibt dem Vollstreckungsgläubiger zwar ein Verwertungsrecht an der Sache, das aber keine dingliche Wirkung entfaltet, wie aus seiner Behandlung im Konkurs ersichtlich ist. Mit dem Zugang des Writ beim Sheriff kann der Vollstreckungsschuldner über der Zwangsvollstreckung unterliegende Gegenstände nicht mehr ver-

---

[1] R.S.C.Ord. 47, r. 2 (1); (fieri facias = veranlasse, abgekürzt: fi-fa).

[2] Judgment Act, 1838, s. 12.

[3] Sale of Goods Act, 1893, s. 26 (1); Administration of Justice Act, 1965, s. 22 (2).

fügen, das Eigentum (property) bleibt jedoch beim Vollstreckungsschuldner bis zum Verkauf[4]. Bis zur Inbesitznahme kann der Vollstreckungsschuldner die Sachen benutzen; sie sind jedoch schon mit der Weiterleitung des ‚under-sheriffs warrant' an den Bailiff gepfändet, und die Veräußerung ist nur bei einem gutgläubigen Erwerber wirksam.

Der Verkauf der gepfändeten Sache erfolgt bei einem Wert von über £ 20 durch öffentliche Versteigerung (public auction)[5], es sei denn, das Vollstreckungsgericht ordnet etwas anderes an[6].

Der Vollstreckungsbeamte (Sheriff) kann gepfändete Gegenstände wieder freigeben (abandonment)[7]. Er muß sie nicht in tatsächlichen Besitz nehmen (seizure), es genügt eine Besitzvereinbarung („walking possession")[8]. Gegebenenfalls macht er einen Bericht, daß der Vollstreckungsschuldner keine der Vollstreckung unterliegende Gegenstände habe (nulla bona).

II. *Unpfändbarkeit* (protection from execution) besteht bei Kleidungsstücken, Hausgerät und der Berufstätigkeit dienenden Gegenständen bis zu einem Wert von £ 50[9].

§ 14. Warrant of Execution (County Court)

Hauptquelle:
C.C.R. Ord. 25.

Der *Warrant of Execution* als Vollstreckungsbefehl des County Court ergeht zur direkten Zwangsvollstreckung in bewegliches Schuldnervermögen[1] im County Court-Prozeß und stellt damit das dem Writ of Fieri Facias entsprechende Verfahren dar.

Der Warrant of Execution bleibt ein Jahr in Kraft und kann dann jeweils für ein weiteres Jahr erneuert werden. Die Rangfolge mehrerer Warrants of Execution bestimmt sich nach dem Datum des Erlasses[2].

Die Pfändungswirkung des Warrant of Execution tritt mit der Antragstellung ein, d. h. nicht erst — wie beim Writ of Fieri Facias — mit der Weiterleitung an den Vollstreckungsbeamten (Bailiff) zur Vollstreckung[3].

---

[4] Giles v. Grover, (1832) Cl. & Fin. 72.
[5] B.A., 1883, s. 145.
[6] B.A., 1890, s. 12; R.S.C.Ord. 47, r. 6; C.C.R.Ord. 25, r. 31.
[7] Bagshawes v. Deacon, (1898) 2 Q.B. 173; Lloyds and Scottish Finance v. Modern Cars, (1966) 1 Q.B. 1.
[8] Watson v. Murray, (1955) 2 Q.B. 1.
[9] s. u. § 29.
[1] Zu den in diesem Verfahren pfändbaren Gegenständen s. C.C.A., 1959, s. 124 (1).
[2] C.C.R.Ord. 25, r. 14.
[3] Murgatroyd v. Wright, (1907) 2 K.B. 333; Sale of Goods Act, 1893, s. 26 (1).

§ 15. Warrant of Distress (Magistrates' Court)

Der *Warrant of Distress*[1] ist die Vollstreckungsanordnung des Magistrates' Court als Vollstreckungsgericht bei Entscheidungen im Rahmen ihrer Zivilgerichtsbarkeit. Mit dieser Anordnung (grant of a distress warrant) weisen die Friedensrichter die örtliche Polizeibehörde an, beim Judikatsschuldner zu vollstrecken.

§ 16. Writ und Warrant of Possession

I. Der *Writ of Possession*[1] im High Court-Prozeß ist das Vollstreckungsmittel bei Besitz- und Räumungsklagen (actions for possession and recovery of land). Er befiehlt dem Sheriff, von dem betreffenden Grundstück Besitz zu ergreifen und es dem Vollstreckungsgläubiger zu übergeben. Der Writ bedarf der vollstreckungsgerichtlichen Genehmigung[2], die bei Nachweis der ordnungsgemäßen Zustellung an den tatsächlichen Besitzer erteilt wird[3].

II. Im County Court-Prozeß heißt das Vollstreckungsmittel bei Besitz- und Räumungsklagen *Warrant of Possession*[4]. Es folgt im wesentlichen den gleichen Regeln wie in der High Court-Vollstreckung.

§ 17. Writ und Warrant of Delivery

Hauptquelle:
R.S.C.Ord. 45, r. 4.

Der *Writ of Delivery* im High Court-Prozeß dient der Erwirkung der Herausgabe (delivery)[1], speziell der Wiedererlangung (recovery)[2] von beweglichen Sachen, insbesondere Gegenständen des wirtschaftlichen Tauschverkehrs (goods). Er ist in seiner speziellen Form (writ of *specific delivery*)[3] ausschließlich auf die Herausgabe ohne Möglichkeit der Abwendung der Herausgabe durch Zahlung des Wertes der Sache, in seiner allgemeinen Form (writ of delivery)[4] alternativ auch auf Wertersatz (assessed value) gerichtet.

Der Writ wendet sich an den Sheriff und befiehlt ihm, die Herausgabe der betreffenden Sache durch Wegnahme und Übergabe an den Voll-

---

[1] M.C.A., 1952, s. 64; M.C.R. 1952, r. 43.

[1] R.S.C.Ord. 45, r. 3 (1) (a).
[2] R.S.C.Ord. 45, r. 3 (2) (2), mit Ausnahme von Titeln aus einer mortgage action.
[3] R.S.C.Ord. 45, r. 3 (3).
[4] C.C.R.Ord. 25, r. 71.

[1] R.C.S.Ord. 45, r. 4 (1).
[2] R.S.C.Ord. 45, r. 13.
[3] R.S.C.Ord. 45, r. 4 (1) (a).
[4] R.S.C.Ord. 45, r. 4 (1) (a).

streckungsgläubiger zu bewirken, oder (in der zweiten Alternative), wenn er die Sache nicht findet, wegen des entstandenen taxierten Schadens zu pfänden.

Die Funktion des Writ of Delivery im Supreme Court hat im County Court der *Warrant of Delivery*[5].

Kapitel II

Besondere Vollstreckungsverfahren

§ 18. Garnishee Proceedings

Hauptquelle:
R.S.C.Ord. 49.

Literatur:
Cababé, Attachment of Debts, 1900.
Halsbury, Laws, Vol. 16, No. 119 et seq.

Beim *Garnishee-Verfahren* handelt es sich um die Vollstreckung wegen einer Geldforderung in eine Geldforderung[1], d. h. der Judikatsgläubiger (judgment creditor) erwirkt einen Beschluß des Vollstreckungsgerichts, der einen Drittschuldner (garnishee) des Judikatsschuldners (judgment debtor) anweist, in Höhe der Urteilsforderung den Vollstreckungsgläubiger zu befriedigen. Nicht abtretbare (not assignable) Forderungen sind auch nicht pfändbar (cannot be attached).

Der Vollstreckungsrichter im High Court-Prozeß, regelmäßig ein Principal Clerk im Beamtenrange eines Principal oder Senior Executive Officer, erläßt zunächst einen vorläufigen Beschluß *(garnishee order to show cause)*[2], der bereits die Pfändung der Forderung bewirkt[3]. Der Drittschuldner darf mit Zustellung des Pfändungsbeschlusses nicht mehr an den Vollstreckungsschuldner leisten. Sofern keine Einsprüche erfolgen, ergeht der endgültige Beschluß *(garnishee order absolute)*[4], der gegenüber dem Drittschuldner als vollstreckbarer Zahlungstitel wirkt[5]. Bei Einsprüchen des Drittschuldners kommt es zum kontradiktorischen Verfahren zwischen ihm und dem Vollstreckungsgläubiger[6], für das der Master Hauptverhandlungsrichter ist.

---

[5] C.C.R.Ord. 25, r. 74 (1).
[1] R.S.C.Ord. 49, r. 1 (1).
[2] R.S.C.Ord. 49, r. 1 (2).
[3] R.S.C.Ord. 49, r. 1 (2), r. 3 (2).
[4] R.S.C.Ord. 49, r. 4 (1).
[5] R.S.C.Ord. 49, r. 4 (2); C.C.R.Ord. 27, r. 9.
[6] s. u. § 30.

Die Wirkung des vorläufigen Beschlusses ist die Gewährung eines Vorrechts vor anderen Gläubigern. Im Fall des Konkurses verbleibt indessen die gepfändete Forderung in der Masse, wenn nicht vor Eröffnung des Konkurses der Drittschuldner (garnishee) gezahlt hat[7].

Durch den endgültigen Beschluß (garnishee order absolute) wird das Recht des Vollstreckungsschuldners gegen den Drittschuldner auf den Vollstreckungsgläubiger übertragen (the title is transferred)[8]. Beide Forderungen erlöschen mit der Zahlung des Drittschuldners.

§ 19. Lohnpfändung (Attachment of Earnings)

Hauptquelle:
Attachment of Earnings Act, 1971 (A. of E.A.); C.C.R. 25.

Literatur:
Färber, Soziale Sicherung der Ehefrau, 1974.
Freedland, Attachment of Earnings, 1971.

1. Ein Unterfall des Garnishee-Verfahrens ist die Pfändung von Lohn- und Gehaltsforderungen, das *attachment of earnings.* Die Einkommenspfändung ist im Regelfall kein Vollstreckungsmittel im High Court-Prozeß (mit Ausnahme von Unterhaltstiteln)[1], sondern im County-Court-Prozeß und am Magistrate's Court. Dies ist jedoch nur prozedural bedeutsam, da High Court-Urteile nach entsprechender Registrierung durch einen County Court vollstreckbar sind[2]. Der Pfändungsantrag (application) erfolgt an den örtlich zuständigen County Court und wird zugestellt. Der Vollstreckungsschuldner muß dann seine Einkommensverhältnisse offenlegen[3], im Weigerungsfall kann Zwangshaft angeordnet werden. Die Einkommensforderung wird durch *attachment of earnings order* gepfändet, der einen selbständigen Vollstreckungstitel gegen den Arbeitgeber als Drittschuldner darstellt.

2. Die Lohnpfändung ist die gebräuchlichste Vollstreckungsmethode bei Unterhaltstiteln. Wenn z. B. der unterhaltspflichtige (frühere) Ehemann nach Erlaß des Unterhaltsbeschlusses (maintenance order) mit seinen Leistungen mindestens einmal im Rückstand ist, kann die Ehefrau zum Zweck des Abzugs des geschuldeten Unterhalts vom Lohn des Ehemanns den ‚attachment of earnings order' beantragen[4]. Dies gilt

---

[7] s. o. § 12.
[8] Re United Railways of the Havanna and Regla Warehouses, Ltd., (1965) Ch. 52, 88; Swiss Bank Corporation v. Boemische Industrial Bank, (1923) 1 K.B. 673.
[1] Mapleson v. Sears, (1911) 105 L.T. 639; A. of E.A., 1971, s. 1.
[2] C.C.A., 1959, s. 139.
[3] A. of E.A., 1971, s. 14; C.C.R.Ord. 25, r. 81; Form 404.
[4] A. of E.A., 1971, s. 3 (3), (5).

jedoch nicht, wenn der Schuldner ohne sein Verschulden in Rückstand gekommen ist[5].

Die Pfändung von Lohn- und Gehaltsforderungen ist unzulässig bei einem Betrag unter £ 5[6]. Die Einkommenspfändung schließt als Vollstreckungsmittel Haft (warrant oder order of commitment) aus[7].

Der Lohnpfändungsbeschluß richtet sich an den Arbeitgeber als Drittschuldner und verlangt von ihm, daß er vom Lohn des Vollstreckungsschuldners Geldbeträge abzieht[8] und diese dem Einziehungsbeamten (collecting officer) des Vollstreckungsgerichts überweist[9]. Der Arbeitgeber erhält Verwaltungskosten[10]. Bereits im Unterhaltsbeschluß hat das Gericht zweierlei festzustellen: zum ersten die Lohnabzugsrate, d. h. den Betrag, der nötig und angemessen wäre, um in Zukunft laufende Unterhaltsleistungen und Nachzahlungen sicherzustellen (normal deduction rate)[11]; zum zweiten die untere Lohnabzugsgrenze (protected earnings rate), d. h. den Betrag, unter den das wöchentliche Einkommen des Vollstreckungsschuldners auch bei Lohnabzug nicht sinken darf (Pfändungsfreibetrag). Bei der Festsetzung der Lohnabzugsgrenze muß das Gericht tatsächlich vorhandene Mittel und die Bedürfnisse weiterer Unterhaltsberechtigter berücksichtigen[12].

Der Lohnpfändungsbeschluß verpflichtet den darin bestimmten Arbeitgeber — aber auch nur diesen —, die Lohnabzugsrate bis zur Lohnabzugsgrenze vom Arbeitseinkommen des Vollstreckungsschuldners abzuziehen und den Betrag an das Vollstreckungsgericht zu überweisen[13].

§ 20. Zwangsverwaltung (Receivership)

Hauptquelle:
R.S.C.Ord. 51, 30.

Literatur:
Cababé, Attachment, Receivers, 1900.
Halsbury, Laws, Vol. 16, No. 159 et seq.
Kerr, Law and Practice as to Receivers, 1978.
Sales, Bankruptcy, Liquidations and Receiverships, 1956.

Die Ernennung eines Zwangsverwalters *(receiver by way of equitable execution)* als Vollstreckungsmittel im High Court-Prozeß und im

---
[5] A. of E.A., 1971, s. 3 (5).
[6] A. of E.A., 1971, s. 1 (2) (b).
[7] A. of E.A., 1971, s. 8 (1).
[8] A. of E.A., 1971, s. 7 (1).
[9] A. of E.A., 1971, s. 6 (7).
[10] A. of E.A., 1971, s. 7 (4) (a).
[11] A. of E.A., 1971, s. 6 (5).
[12] A. of E.A., 1971, s. 25 (3).
[13] A. of E.A., 1971, ss. 6, 7.

§ 20. Zwangsverwaltung (Receivership)

County Court-Prozeß[1] erfolgt regelmäßig in den Fällen, in denen das Vermögensobjekt, dessen Erträge gepfändet werden sollen, selbst der Vollstreckung nicht unterworfen werden kann. Dieses Vollstreckungsmittel ist subsidiär zur Vollstreckung in bewegliche Sachen und zur Forderungspfändung[2]. Nach überwiegender Ansicht begründet der die Zwangsverwaltung anordnende Beschluß (receivership order), der auch die Ernennung ausspricht, kein dingliches Recht zugunsten des Vollstreckungsgläubigers an den der Zwangsverwaltung unterliegenden Gegenständen[2a].

Man spricht von dieser Art von Vollstreckung als *equitable execution*[3], weil sie historisch die Pfändung der sog. equitable interests ermöglichte. Das Vollstreckungsgericht (Master, Registrar) kann einen Receiver ernennen, wenn es „gerecht oder zweckmäßig" erscheint[4]; doch müssen die entstehenden Kosten im Verhältnis zu dem Betrag stehen, der möglicherweise einkassiert werden kann. Regelmäßig wird die Zwangsverwaltung nur bei einer Vollstreckungssumme von über £ 30 angeordnet[5].

Die Zwangsverwaltung bei Grundzinsen (interest in land) kann unabhängig davon angeordnet werden, ob die Immobiliarvollstreckung durch *Charging Order* betrieben wird[6]. Ein Zwangsgrundpfandrecht (land charge) kann aber noch parallel zweckmäßig sein.

Das verwaltete Schuldvermögen beschränkt sich nicht nur auf sog. equitable estates oder interests, sondern erstreckt sich auf alle wiederkehrenden Leistungen aus Grundstücken, Renten und Zinsen der verschiedensten Art[7].

Der Vollstreckungsgläubiger hat kein Recht auf Veräußerung der unter Zwangsverwaltung stehenden Sache[8]; dazu bedarf er eines Zwangsgrundpfandrechts (charge).

Die Ernennung des Zwangsverwalters hat die Wirkung einer injunction, soweit es den Schutz des Vollstreckungsgläubigers vor Verfügungen über die unter Zwangsverwaltung stehenden Einkünfte angeht[9].

---

[1] R.S.C.Ord. 51; C.C.A., 1959, s. 142 (1).
[2] Morgan v. Hart, (1914) 2 K.B. 183.
[2a] Croshaw v. Lyndhurst Ship Co., (1897) 2 Ch. 154; Re Pearce, (1919) 1 K.B. 354 (C.A.).
[3] R.S.C.Ord. 51, r. 1; C.C.R.Ord. 30, r. 11; C.C.A., 1959, s. 142 (1).
[4] J.A., 1925, s. 45; C.C.A., 1959, s. 74; Holmes v. Millage, (1893) 1 Q.B. 551.
[5] vgl. *Halsbury*, Laws, 3rd ed., Vol. 16, p. 110 n (u.).
[6] A. of J.A., 1956, s. 36 (2); C.C.A., 1959, s. 142 (2).
[7] z. B. reversionary interest in the proceeds of sale of reality, Tyrell v. Painton, (1895) 1 Q.B. 202; share of rents, profits of reality, leaseholds held on joint tenancy subject to mortgages, Hills v. Webber, (1901) 17 T.L.R. 513; Einkommen aus einem Trust Fund, Oliver v. Lowther, (1880) 42 L.T. 47.
[8] Ideal Bedding Co., Ltd., v. Holland, (1907) 2 Ch. 157, 169.

Der Zwangsverwalter muß zu bestimmten Zeiten Rechnung legen[10]. Er hinterlegt die Einkünfte beim Vollstreckungsgericht bzw. zahlt das verwaltete Geld mit gerichtlicher Zustimmung unmittelbar an den Vollstreckungsgläubiger.

§ 21. Zwangsadministration (Administration Order)

Hauptquelle:
Administration Order Rules, 1971.

Eine besondere Form der gerichtlichen *Zwangsadministration* von Schuldnervermögen wird durch *administration order* im County Court-Prozeß angeordnet[1]. Der Beschluß hat die Wirkung, daß die Einzelzwangsvollstreckung eingestellt ist[2] und nur mit Genehmigung des Vollstreckungsgerichts wieder aufgenommen werden darf[3].

Der ‚administration order' ergeht auf Antrag eines Vollstreckungsschuldners, dessen Gesamtverbindlichkeiten £ 500 nicht übersteigen und der hinsichtlich eines von einem County Court gegen ihn ergangenen Urteils zahlungsunfähig ist[4]. Auch im Zusammenhang mit der Lohn- und Gehaltspfändung kann das Vollstreckungsgericht die Zwangsadministration anordnen, wenn es aufgrund eines vom Schuldner vorzulegenden Verzeichnisses der Ansicht ist, daß alle Verbindlichkeiten des Vollstreckungsschuldners gemeinsam abgewickelt werden sollten[5]. Der Antrag des Schuldners auf Anordnung der Zwangsadministration bzw. der im Rahmen der Einkommenspfändung die Vorlage eines Schuldenverzeichnisses anordnende Beschluß sind konkursbegründende Handlungen (acts of bankruptcy)[6].

Im Rahmen der Zwangsadministration kann jeder Gläubiger des Vollstreckungsschuldners den Nachweis über seine Forderung beim County Court Registrar führen und sich in das Gläubigerregister eintragen lassen[7].

---

[9] Tyrell v. Painton, (1895) 1 Q.B. 202, 206; Re Marquis of Anglesey, (1903) 2 Ch. 727.
[10] R.S.C.Ord. 30, rr. 4 - 6.
[1] C.C.A., 1959, s. 148; A. of E.A., 1971, s. 4.
[2] C.C.A., 1959, s. 150; C.C.R. Ord. 25, r. 32.
[3] C.C.A., 1959, s. 151.
[4] C.C.A., 1959, s. 148.
[5] A. of E.A., 1971, s. 4.
[6] A. of J.A., 1965, s. 21; A. of E.A., 1971, s. 4 (3).
[7] C.C.A., 1959, s. 149.

Kapitel III

Die indirekten Vollstreckungsmittel
(Erzwingungs- und Sicherungsverfahren)

§ 22. Zwangsverwahrung (Writ of Sequestration am High Court)

Die Zwangsverwahrung durch *Writ of Sequestration* ist ebenso wie die durch eine Commital Order verhängte Erzwingungshaft ein indirektes Vollstreckungsmittel mit Strafcharakter als Folge eines Contempt of Court. Sie ist nur im High Court-Prozeß gegeben; im County Court-Prozeß ist gegebenenfalls Erzwingungshaft durch ‚warrant of attachment' geboten. Die Sequestration des Vermögens des Vollstreckungsschuldners kann zur Erwirkung aller Handlungen und Unterlassungen des Vollstreckungsschuldners erfolgen[1], also auch als Vollstreckung wegen einer Geldforderung.

Durch den Sequestrierungsbeschluß werden mindestens vier Personen (sequestrators) angewiesen, sich in den Besitz des gesamten oder von Teilen des Vermögens des Vollstreckungsschuldners zu setzen und es unter Zwangsverwahrung zu halten, bis dieser dem Urteil nachkommt. Die Sequestration gibt den Zwangsverwahrern im Unterschied zur charging order kein Recht zum Verkauf der verwahrten Gegenstände. Das Verfahren auf Erlaß eines Writ of Sequestration beginnt mit einem Antrag (motion) an einen Oberrichter (judge), die Genehmigung zum Erlaß eines Writ of Sequestration zu erteilen[2]. Der Sequestrierungsbeschluß ergeht nach öffentlicher mündlicher Verhandlung (hearing in open court)[3].

§ 23. Haft (Arrest) im Erkenntnis- und Vollstreckungsverfahren

Hauptquelle:
Debtors Act, 1869.

Literatur:
Borrie / Lowe, Law of Contempt, 1973.
Oswald, Contempt of Court, Committal, Attachment and Arrest, 1910.
Pfiffner, Schuldverhaft und Personalarrest, 1957.
Samuely, Schuldhaft, 1870.
Schweizer, Schutz der Rechtsverwirklichung, 1974.
Thoday, Imprisonment by Justices, 1936.

Haft (arrest) kann im Rahmen des Erkenntnisverfahrens und der Zwangsvollstreckung in dreifacher Hinsicht Bedeutung gewinnen:

---
[1] R.S.C.Ord. 45, r. 5 (1).
[2] R.S.C.Ord. 46, r. 5 (1).
[3] R.S.C.Ord. 46, r. 5 (4).

1. Als vorläufiger Rechtsschutz kann unter bestimmten Voraussetzungen sicherheitshalber *Personalarrest*[1] bereits vor Erlaß eines Endurteils verhängt werden.
2. Innerhalb des Vollstreckungsverfahrens ist zwischen der *allgemeinen Schuldhaft* und einer *Erzwingungshaft* zu unterscheiden. Die allgemeine Schuldhaft wurde im wesentlichen abgeschafft; es blieb eine durch ‚judgment summons' verhängte spezielle Schuldhaft bei böswilligen Schuldnern[2].

Erzwingungshaft ist im übrigen eine Sanktion bei Contempt of Court[3].

§ 24. Order of Committal (High Court), Warrant of Attachment (County Court) und Warrant of Commitment (Magistrates' Court)

I. Der *Order of Committal* am High Court ist ein Inhaftierungsbeschluß wegen Contempt of Court (Mißachtung des Gerichts). Contempt of Court („Civil Contempt") hat in diesem Zusammenhang eine Vollstreckungsfunktion; die Contempt-Sanktion verfolgt beim Einsatz als Vollstreckungsmittel zwei Ziele: Die Befriedigung der Parteiinteressen und die Bestätigung der gerichtlichen Jurisdiktionsgewalt.

Das Vollstreckungsgericht kann mit der Contempt-Sanktion alle Arten von Urteilen und Beschlüssen vollstrecken, in denen ein Gericht Rechtspflichten statuiert oder anerkennt. Sowohl Endurteile als auch prozeßleitende oder einfache Beschlüsse, insbesondere ‚injunctions', fallen darunter[1]. Den injunctions gleichgestellt sind prozessuale Versprechen der Parteien, sog. undertakings[2], die vom erkennenden Gericht als Tatsachen berücksichtigt werden.

Geldzahlungen können grundsätzlich nicht mit der Contempt-Sanktion eingetrieben werden[3]. Von dieser Regel sind allerdings Zahlungsverpflichtungen mit Strafcharakter ausgenommen, so insbesondere Geldbußen, sowie Unterhaltstitel (maintenance orders) am High Court[4].

Sanktionsauslösender Umstand ist die Zuwiderhandlung gegen eine gerichtliche Entscheidung. Es kann sich um bewußt judikatswidriges Verhalten (to refuse to do an act; to disobey a judgment requiring to abstain from doing an act)[5] oder um Fahrlässigkeit (negligence) han-

---

[1] Debtors Act, 1869, s. 6 (keine praktische Bedeutung).
[2] s. u. § 25.
[3] s. u. § 24 I.
[1] R.S.C.Ord. 45, r. 5 (1).
[2] Milburn v. Newton Colliery, Ltd., (1908) 52 Sol Jo 317; Bida Ltd. v. Stratford Investments Ltd., (1973) 1 Ch. 281; (1972) 3 All E.R. 1041.
[3] Debtors Acts, 1869 u. 1878; R.S.C.Ord. 45, r. 1.
[4] Administration of Justice Act, 1970, s. 11 (a).
[5] R.S.C.Ord. 45, r. 5 (1) (a) (b).

§ 24. Order of Committal, Warrant of Attachment und Commitment

deln. Voraussetzung ist eine rechtsgültige und erfüllbare Anordnung, die dem Urteilsschuldner bekannt war oder die er hätte kennen müssen. Rechtsgültigkeit bedeutet formelle, nicht materielle Richtigkeit[6].

Die Gerichte beziehen ihre Ermächtigung zur Verfolgung des Ungehorsams grundsätzlich aus der Generalklausel des Contempt-Rechts[7]. Sie haben innerhalb dieses Rahmens Ermessensfreiheit und sind insbesondere nicht an Parteianträge gebunden. Obwohl in der Verfahrensordnung des High Court-Prozesses als Sanktionen nur Freiheitsentzug und Vermögensbeschlagnahme[8] erwähnt sind, ist nach allgemeinem Contempt-Recht auch das mildere Mittel der Buße oder Entgegennahme einer Sicherheitsleistung möglich[9]. Ebenso darf die für einen bestimmten Zeitraum verhängte Zwangsmaßnahme vom Gericht vorzeitig aufgehoben werden[10].

Als Verfahrensvoraussetzung ist vorgesehen, daß dem Judikatsschuldner eine Kopie der mißachteten Anordnung zugestellt wird, sowie der Beschluß über eine letzte ausreichend angesetzte Nachfrist und die bestimmte Androhung der für den Fall fortgesetzten Ungehorsams vorgesehenen Maßnahme[11]. Von diesen Erfordernissen kann bei besonderer Eilbedürftigkeit abgesehen werden[12].

II. Dem Order of Committal im High Court-Prozeß entspricht am County Court der *Warrant of Attachment*, der im wesentlichen den gleichen Voraussetzungen unterliegt[13] und ebenfalls Haft wegen Contempt of Court verhängt.

III. Der *Warrant of Commitment*[14] des Magistrates' Court als Mittel der Vollstreckung in Zivilsachen ergeht wegen Ungehorsams (disobedience) gegen den richterlichen Befehl. Die Haftverhängung kann sowohl zur Erzwingung von Geldleistungen als auch zur Erwirkung einer Handlung oder Unterlassung erfolgen.

---

[6] Hadkinson v. Hadkinson, (1952) 2 All E.R. 567, 569.
[7] Supreme Court Practice, 45/5/1.
[8] R.S.C.Ord. 45, r. 5 (1) (2).
[9] R.S.C.Ord. 52, r. 9.
[10] R.S.C.Ord. 52, r. 8 (1). Vgl. auch Re Barrell Enterprise, (1973) 1 W.L.R. 19; (1972) 3 All E.R. 631 (C.A.).
[11] R.S.C.Ord. 45, r. 7.
[12] R.S.C.Ord. 45, r. 7 (6).
[13] C.C.R.Ord. 25, r. 67.
[14] M.C.A., 1952, s. 64.

§ 25. Judgment Summons (Schuldhaft)

Literatur:
Chandler, Judgment Summonses in Bankruptcy, 1936.
Pfiffner, Schuldverhaft und Personalarrest, 1957.
Philips, Judgment Summonses in the Divorce Division, 1935.
Samuely, Schuldhaft, 1870.

Das *Judgment Summons*[1] kann zur *Schuldhaft* wegen Nichtleistung auf eine Geldforderung führen, wenn nachgewiesen wird, daß der Urteilsschuldner die Mittel hat, die betreffende Summe zu zahlen. Die Haft kann entweder auf eine bestimmte Zeit oder bis zur Leistung der Zahlung angeordnet werden. Es steht dem Vollstreckungsgericht frei zu bestimmen, daß die Zahlung in Raten zu erfolgen hat, und bei Nichtzahlung einer Rate Haft anzuordnen.

Jedes für Konkursverfahren zuständige Gericht[2] kann auf Antrag gegen sämtliche Personen, die aufgrund einer Entscheidung dieses oder eines anderen zuständigen Gerichts zur Zahlung einer Geldsumme verurteilt sind, Schuldhaft verhängen. Die Haft dauert bis zur Zahlung der Schuld, höchstens jedoch 6 Wochen[3]. Hierzu ist nur ein Oberrichter zuständig, der nach mündlicher Verhandlung einen zu begründenden Beschluß erläßt.

Die Anordnung einer solchen Maßnahme ist nur möglich, wenn zur Zufriedenheit des Gerichts nachgewiesen ist, daß der Vollstreckungsschuldner die Mittel zur Zahlung der von ihm geschuldeten Summe hat oder gehabt hat und die Zahlung verweigerte oder unterließ[4]. Das Vorhandensein von Vermögensstücken muß also nachgewiesen werden. Für den Nachweis der Zahlungsfähigkeit kann der Schuldner sowie jeder Zeuge geladen und eidlich vernommen werden[5]. Keine Schuldhaft, auch wenn die maximale Dauer abgelaufen ist, darf als Befriedigung oder als Erlöschen einer Forderung, eines Anspruchs oder eines Klagegrundes betrachtet werden, denn es handelt sich um ein Erzwingungsmittel der Vollstreckung. Ebenso wird mit Beendigung der Haft die Vollstreckung in das Vermögen des Schuldners nicht ausgeschlossen, d. h. die Vollstreckung in das Vermögen ist in gleicher Weise möglich, wie wenn die Schuldhaft nicht stattgefunden hätte[6].

Der verhaftete Schuldner erlangt seine Freiheit nach Ablauf der Maximaldauer von 6 Wochen wieder, ebenso aufgrund einer Beschei-

---

[1] Debtors Act, 1869, s. 5.
[2] Bestimmte County Courts und die Chancery Division des High Court.
[3] Debtors Act, 1869, s. 5 (1).
[4] Debtors Act, 1869, s. 5 (3).
[5] Debtors Act, 1869, s. 5 (4).
[6] Debtors Act, 1869, s. 5 (10).

nigung, daß er die Schuld oder die fällige Teilschuld zusammen mit den Kosten bezahlt hat[7]

§ 26. Sicherung durch Order to Show Cause und Injunction im Vollstreckungsverfahren

I. Die in der bloßen Pfändung liegende Sicherung des Vollstreckungsgläubigers, der ein Verwertungsrecht erhält, kann im einzelnen Vollstreckungsverfahren durch die Erwirkung eines *Order to Show Cause* (order nisi) liegen. Dies gilt für die allgemeine Forderungspfändung durch ‚garnishee order to show cause', ebenso aber auch für die ‚charging order to show cause'.

II. Das *‚injunction'* als vorbeugender, teilweise auch vorläufiger Rechtsschutz[1] findet auch im Rahmen des Vollstreckungsverfahrens Anwendung.

Zusammen mit dem Antrag auf Ernennung eines Zwangsverwalters (receiver) kann vom Vollstreckungsgericht ein injunction ergehen, das unterstützende und/oder inzidente (ancillary oder incidental) Funktionen hat[2]. Macht der Vollstreckungsgläubiger durch eidliche Versicherung (affidavit) glaubhaft (showing good cause), daß der Vollstreckungsschuldner der künftigen Zwangsverwaltung unterliegende Gegenstände veräußern will, kann ein injunction ergehen, mit der die Verfügung bis nach dem Termin zur Ernennung des Zwangsverwalters untersagt wird[3].

§ 27. Charging Order

Hauptquelle:
R.S.C.Ord. 50.

Mit der *Charging Order* wird die Vollstreckung wegen Geldforderungen betrieben in: I. Grundstücke bzw. Grundzinsen (land oder interest in land)[1] und II. in bestimmte Wertpapiere im weiteren Sinne (securities)[2] in der Form verbriefter Anteilsrechte an Handelsgesellschaften.

1. Beim Vollstreckungsverfahren in Grundstücke handelt es sich bei der ‚charge' um eine gerichtlich angeordnete Belastung, die bei Vorliegen gewisser Voraussetzungen in das Register von Urteilen und Gerichtsbeschlüssen der Land Charges Registry[3] eingetragen werden kann.

---

[7] Debtors Act, 1869, s. 5 (11).
[1] Vgl. *Fiss*, Injunctions, 1933.
[2] R.S.C.Ord. 30, r. 1; Ord. 50, r. 2.
[3] R.S.C.Ord. 30, r. 1 (3), (4); Lloyds Bank, Ltd., v. Medway Upper Navigation Co., (1905) 2 K.B. 359.
[1] R.S.C.Ord. 50, r. 1; C.C.R.Ord. 25, r. 7; C.C.A., 1959, s. 41 (1).
[2] R.S.C.Ord. 50, r. 2.
[3] Land Charge Act, 1925, ss. 1, 6 (1).

2. Durch eine Charging Order wird dem Vollstreckungsgläubiger dasselbe Befriedigungsrecht gesichert, das er erworben hätte, wenn ihm der Schuldner vertraglich ein dingliches Pfandrecht (charge) in der gesetzlichen Form eingeräumt hätte[4]. Die Übertragung der betreffenden Liegenschafts- und Anteilsrechte an Dritte wird gehindert, solange die Verfügung in Kraft ist.

Das Vollstreckungsgericht erläßt zunächst eine sog. *charging order to show cause*, d. h. einen vorläufigen (Pfändungs-)Beschluß, durch den ein mündlicher Termin festgesetzt wird, in dem der Vollstreckungsschuldner Einspruch erheben kann[5]. Erscheint der Schuldner nicht oder kann er seinen Anspruch nicht begründen, so wird ein endgültiger Beschluß *(charging order absolute)* erlassen[6]. Bereits der vorläufige Beschluß bindet die Person oder Gesellschaft, bei der die Übertragung der betreffenden Anteilsrechte bewirkt wird[7]. Wenn diese benachrichtigt wurde und trotzdem die Übertragung an einen Dritten erfolgt, so haftet sie dem Vollstreckungsgläubiger in Höhe des Wertes des übertragenen Anteilsrechtes[8].

Die Wirkung des endgültigen Beschlusses datiert vom Zeitpunkt des Erlasses des vorläufigen Beschlusses, der Vollstreckungsgläubiger erwirbt von diesem Zeitpunkt ein dingliches Recht an dem gepfändeten Gegenstand. Die ‚charging order' und Eintragung der ‚charge' berechtigen den Vollstreckungsgläubiger nicht ohne weiteres zum Verkauf des Grundstücks bzw. des Anteilsrechts. Er muß vielmehr zur Realisierung seiner Geldforderung entweder einen Antrag auf Ernennung eines Zwangsverwalters (receiver) stellen, oder das Pfandrecht wird durch einen besonderen *Verkaufsbeschluß* (order for sale) realisiert, für das die Chancery Division des High Court zuständig ist[9]. Es handelt sich daher beim Erlaß einer ‚charging order' um ein Sicherungsmittel.

§ 28. Stop Order und Stop Notice

Die Stop Order und Stop Notice des High Court-Prozesses sind Sicherungsmittel bei der Vollstreckung in Forderungen.

1. Die gerichtliche *Stop Order* bezieht sich auf bei Gericht hinterlegtes Geld (funds in court) des Urteilsschuldners[1] und stellt einen Pfändungsbeschluß (arrestatorium) dar.

---

[4] Administration of Justice Act, 1956, s. 35 (3).
[5] R.S.C.Ord. 50, r. 2 (2).
[6] R.S.C.Ord. 50, r. 6 (1).
[7] R.S.C.Ord. 50, r. 5 (2).
[8] R.S.C.Ord. 50, r. 5 (3).
[9] R.S.C.Ord. 31, r. 1; Ord. 88.
[1] R.S.C.Ord. 50, r. 10 (1) (c).

§ 28. Stop Order und Stop Notice

2. Die gerichtliche *Stop Notice* (distringas notice) ist ein Verfahren, durch das bestimmten Drittschuldnern (Bank of England, Aktiengesellschaften) auferlegt wird, jede bevorstehende Änderung bei bestimmten verbrieften Rechten dem Vollstreckungsgläubiger anzuzeigen[2].

Jeder, der an ‚stocks' und ‚shares' einer Handelsgesellschaft ein Pfandrecht (equitable mortgage) zu haben behauptet, kann dies bei einer District Registry oder dem Central Office des Supreme Court zu Protokoll geben. Die Registratur bestätigt die eidliche Versicherung durch Siegel; die bestätigte Anzeige wird der Handelsgesellschaft zugestellt. Die Handelsgesellschaft, die die Anzeige (notice) von der ‚equitable mortage'[3] nicht anerkennt, kann durch die *Stop Notice* verpflichtet werden, dem Pfandnehmer (mortgagee) von jeder drohenden Rechtsänderung an den betroffenen Aktien Mitteilung zu machen. Damit bekommt dieser die Möglichkeit, seine Rechte aus der equitable mortgage innerhalb von 8 Tagen geltend zu machen und die Eintragung eines neuen Eigentümers zu verhindern. Läßt er die Frist ungenützt verstreichen, so ist die Handelsgesellschaft nicht mehr daran gehindert, die Rechtsänderung einzutragen.

Da die Stop Notice nur unter erhöhtem Aufwand erstellt werden kann, wird sie in der Regel nur in den Fällen angewendet, in denen eine ‚legal mortgage' nicht vereinbart werden darf, etwa bei den qualifizierten Anteilen (qualification shares) von Direktoren, deren Übertragung unzulässig ist.

3. Auch ein Pfändungsbeschluß bei bestimmten Wertpapieren (securities) als *order prohibiting transfer of securities*‚ ist vorgesehen[4].

---

[2] R.S.C.Ord. 50, rr. 11 - 14.
[3] Companies Act, 1948, s. 117.
[4] R.S.C.Ord. 50, r. 15 (1).

Abschnitt V

Rechtsbehelfe

§ 29. Rechtsbehelfe des Vollstreckungsschuldners (Vollstreckungsschutz) und Unpfändbarkeit

1. Der Vollstreckungsschuldner kann beim Gericht unter bestimmten Voraussetzungen *Vollstreckungsschutz* beantragen[1]. Das Gericht ordnet gegebenenfalls Einstellung der Zwangsvollstreckung (stay of execution) durch Writ of Fieri Facias an[2].

Darüber hinaus sind bestimmte Gegenstände unpfändbar. *Unpfändbarkeit* (protection from execution) besteht bei Kleidungsstücken, Hausgerät und der Berufstätigkeit dienenden Gegenständen bis zu einem Wert von £ 50[3]. Das Arbeitseinkommen ist ebenfalls bis zu einer bestimmten Höhe unpfändbar („protected earnings rate")[4].

2. Bei *Verfahrensverstößen* in der Zwangsvollstreckung (irregular execution) kann der Vollstreckungsschuldner einen Antrag an das Vollstreckungsgericht stellen, die Vollstreckungsverfügung (writ of execution) aufzuheben (set aside)[5].

§ 30. Sheriff's Interpleader und Interpleader by Registrar

Hauptquelle:
R.S.C.Ord. 17.
C.C.R.Ord. 28.

Literatur:
Cababé, Interpleader, 1900.
Warde, Interpleader by Sheriffs and High Bailiffs, 1904.

Behauptet ein Dritter, einen Anspruch auf Gegenstände der Vollstreckung (money, goods, chattels) zu haben, muß der Sheriff in der High Court-Vollstreckung[1] und der Registrar in der County Court-Vollstreckung[2] den *Interpleader*-Prozeß einleiten.

---

[1] R.S.C.Ord. 47, r. 1 (1); Ord. 45, r. 11.
[2] s. o. § 11 II.
[3] Administration of Justice Act, 1956, s. 37; Protection from Execution (Prescribed Value) Order 1963. C.C.A., 1959, s. 124 (2).
[4] A. of E.A., 1971, s. 6.
[5] R.S.C.Ord. 70, r. 1.
[1] R.S.C.Ord. 17.
[2] C.C.A., 1959, s. 136; C.C.R.Ord. 28, r. 5.

Das Interpleader-Verfahren ist ein allgemeiner Prätendentenstreit, und zwar werden unter dieser Bezeichnung die folgenden zwei Fälle zusammengefaßt:

a) Jemand schuldet Geld oder die Herausgabe von Sachen und wird von zwei oder mehr Personen verklagt, die denselben Anspruch zu haben behaupten[3];

b) ein Vollstreckungsbeamter hat Sachen als Objekte der Pfändung an sich genommen oder will sie an sich nehmen; ein Dritter beansprucht sie jedoch für sich[4].

Nur das Verfahren der zweiten Alternative ist ein vollstreckungsrechtlicher Rechtsbehelf. Er wird damit eingeleitet, daß der Dritte, der Ansprüche auf Gegenstände der Vollstreckung zu haben behauptet, dies dem Vollstreckungsbeamten (Sheriff) anzeigt[5]. Der Sheriff leitet das Interpleader-Verfahren nur ein, wenn der Vollstreckungsgläubiger die Rechte des Dritten bestreiten. Die Parteien des Verfahrens sind der Sheriff als Antragsteller (applicant), der Vollstreckungsgläubiger (judgment creditor) und der Prätendent (claimant); allen ist die Prozeßladung (regelmäßig ein orginating summons)[6] zuzustellen.

In der mündlichen Verhandlung bestimmt ein Unterrichter als Vollstreckungsgericht (Master oder Registrar), sofern keine Einigung erzielt wird, durch Beschluß die Parteien, d. h. den Kläger (plaintiff) und den Beklagten (defendant) des Prätendentenstreits. Regelmäßig wird der Prätendent Kläger, der Vollstreckungsgläubiger Beklagter des kontradiktorischen Verfahrens[7]. Der Unterrichter darf im summarischen Verfahren in der Sache entscheiden; er kann aber auch eine Hauptverhandlung vor einem Judge ansetzen.

§ 31. Rechtsbehelfe Dritter

1. Erhebt bei der Vollstreckung in Geldforderungen (garnishee proceedings)[1] der Drittschuldner (garnishee) Einsprüche, kommt es wie beim Sheriff's Interpleader zwischen ihm und dem Vollstreckungsgläubiger zu einem kontradiktorischen Verfahren[2].

2. Unabhängig vom Sheriff's Interpleader, auf dessen Fortgang ein Dritter keinen Einfluß hat, kann dieser bei Gericht eine injunction erwirken, die den Sheriff anweist, nicht der Vollstreckung unterliegende Gegenstände freizugeben[3].

---

[3] R.S.C.Ord. 17, r. 1 (1) (a).
[4] R.S.C.Ord. 17, r. 1 (1) (b).
[5] R.S.C.Ord. 17, r. 2 (1).
[6] R.S.C.Ord. 17, r. 3 (1).
[7] R.S.C.Ord. 17, r. 5.
[1] s. o. § 18.
[2] R.S.C.Ord. 49, r. 5.
[3] Hilliard v. Hanson, (1882) 21 Ch. D. 69.

Abschnitt VI

Haftung, gutgläubiger Erwerb und Offenbarungsverfahren

§ 32. Haftung aus der Vollstreckung anfechtbarer Urteile

Literatur:
Fischer-Dieskau, Haftung, 1961.

Im Normalfall hat die ungerechtfertigte Zwangsvollstreckung (wrongful execution) zur Folge, daß der Vollstreckungsgläubiger dem Vollstreckungsschuldner zum Schadensersatz *(restitution)* als einem zum Equity-Recht gehörenden Grundsatz verpflichtet ist[1]. Grundgedanke ist, daß der Schuldner nach Aufhebung der ihn zu unrecht verurteilenden Entscheidung soweit wie möglich in den Zustand versetzt werden soll, in dem er sich ohne Erlaß des aufgehobenen Urteils befinden würde. Der Gläubiger kann jedoch nur soweit in Anspruch genommen werden, als er auf Kosten des Schuldners irgendwelche Vorteile erlangt hat. Außerdem findet die Schadensersatzpflicht (restitution) dort ihre Schranken, wo ihre Durchführung die Rechtspositionen gutgläubiger Dritter beeinträchtigen würde.

Soweit der Gläubiger den Gegenstand der Zwangsvollstreckung selbst nach der Aufhebung des Urteils noch in Händen hat, muß er ihn dem Schuldner zurückzugeben. Wenn der Vollstreckungsschuldner z. B. zur Zahlung eines Geldbetrages verurteilt und der Betrag bei ihm gepfändet und an den Vollstreckungsgläubiger ausbezahlt wurde, so ist dieser zur Rückzahlung der Summe verpflichtet.

Werden bei der Zwangsvollstreckung wegen einer Geldforderung Sachen des Schuldners beschlagnahmt und im Wege der Versteigerung durch Dritte erworben, so ist die Naturalrestitution (specific restitution) gegenüber dem gutgläubigen Erwerber (bona fide purchaser) nicht möglich.

Da der Grundsatz der Naturalrestitution gegenüber dem gutgläubigen Erwerber versagt, bleibt dem Vollstreckungsschuldner nur der Anspruch auf Geldersatz gegen den Gläubiger. Verlangt werden kann der Versteigerungserlös, nicht der Wert des veräußerten Gegenstandes. Der Gläubiger haftet nur nach Bereicherungsgrundsätzen.

Die Schadensersatzpflicht (restitution) umfaßt weitere sekundäre Herausgabe- und Ersatzpflichten des Gläubigers, er hat Geldbeträge

---

[1] Rodger v. Comptoir d'Escompte de Paris, (1871) L.R. 3 P.C. 465.

§ 32. Haftung aus der Vollstreckung anfechtbarer Urteile

mit Zinsen sowie die gezogenen Nutzungen (rents and profits)[2] zurückzuerstatten.

Gemäß der für den Treuhänder (trustee) geltenden Regeln wird auch die Frage gelöst, welcher Haftung der Gläubiger unterliegt, wenn sich die in seinem Besitz befindliche Sache verschlechtert oder untergeht. Hier hat er nur insoweit einzustehen, als ihn Verschulden, z. B. Fahrlässigkeit (negligence) zur Last fällt.

Der Gläubiger hat auch für den Wert der Sache einzustehen, wenn er sie in der Zwischenzeit an einen gutgläubigen Dritten weiterveräußert hat und dieser der Klage auf Naturalrestitution (specific restitution) sein Eigentumsrecht (good title) entgegensetzen kann.

Notwendige Verwendungen (necessary expenses) kann der Vollstreckungsgläubiger dem Vollstreckungsschuldner in Rechnung stellen.

Unter Umständen liegt in dem Betreiben der Zwangsvollstreckung eine unerlaubte Handlung (tort), die zum Ersatz des entstandenen Schadens verpflichtet. Hierher gehören die Fälle, in denen der Gläubiger böswillig (maliciously) gegen einen Nichtschuldner ein Urteil erschleicht (abuse of civil proceedings) und aus ihm die Zwangsvollstreckung betreibt (malicious execution). Hier handelt es sich um eine typische Deliktshaftung, d. h. die Schadensersatzpflicht folgt aus der schuldhaften widerrechtlichen Verletzung der Rechte Dritter.

Daneben gibt es Fälle der Haftung des Vollstreckungsgläubigers auf Schadensersatz, ohne daß es dabei auf ein Verschulden ankäme. Entscheidendes Kriterium ist hierbei, daß die Fehlerhaftigkeit des Vollstreckungstitels einen Grad erreicht, der eine Rechtfertigung der Vollstreckungsmaßnahme ausschließt.

Solange ein Urteil nur unrichtig (erroneous) ist, bleiben die vor seiner Aufhebung vorgenommenen Vollstreckungsmaßnahmen auch nach diesem Zeitpunkt rechtmäßig, so daß eine deliktische Haftung des Gläubigers nicht in Betracht kommt[3].

Eine Schadensersatzhaftung des Vollstreckungsgläubigers tritt jedoch dann ein, wenn das der Vollstreckung zugrundeliegende Urteil nichtig (void) oder als anfechtbar (voidable) aufgehoben wird.

Ein nichtiges Urteil (void judgement) wird als von Anfang an nicht bestehend angesehen und übt daher keinerlei rechtfertigende Wirkungen als Vollstreckungsmaßnahmen des Gläubigers aus, während ein anfechtbares Urteil (voidable judgement) dagegen bis zu seiner Aufhebung ein Rechtfertigungsgrund für die Vollstreckung ist[4]. Danach

---

[2] Sympson v. Juxon, (1625) Cro. Jac. 699.
[3] Williams v. Smith, (1863) 14 C.B. (N.S.) 596; 143 E.R. 579.
[4] Blanchenay v. Burt, (1843) 4 Q.B. 707; 114 E.R. 1064.

aber fällt im Unterschied zum bloß unrichtigen Urteil (erroneous judgment) seine Rechtfertigungskraft rückwirkend fort, Vollstreckungsmaßnahmen des Schuldners werden also durch die Aufhebung rechtswidrig. Will der Schuldner mit seiner Schadensersatzklage Erfolg haben, so muß er sich also zunächst um die Beseitigung des Titels bemühen. Wenn er sich auf die vollständige Nichtigkeit des Urteils beruft, genügt es, sie im Schadensersatzverfahren selbst geltend zu machen.

Soweit damit für den Gläubiger die Möglichkeit entfällt, sich zu seiner Rechtfertigung auf das Urteil zu berufen, begeht er durch das Betreiben der Vollstreckung *tresspass*. Einige Entscheidungen verlangen über die bloße Veranlassung hinaus eine aktive Teilnahme des Gläubigers an der ungerechtfertigten Zwangsvollstreckung (wrongful execution), sei es, daß er dem Vollstreckungsbeamten besondere Anweisungen gibt oder nur der Vollstreckungshandlung beiwohnt.

§ 33. Gutgläubiger Erwerb

Hinsichtlich des gutgläubigen Erwerbs (bona fide purchase) innerhalb der Zwangsvollstreckung sind zwei Fälle zu unterscheiden: daß nicht der Vollstreckung unterliegende Gegenstände im Wege des Zwangsverkaufs an einen Gutgläubigen veräußert werden, und daß der Vollstreckungsschuldner unbefugt gepfändete Gegenstände an einen gutgläubigen Dritten veräußert hat.

1. Wenn der Vollstreckungsbeamte nicht der Vollstreckung unterliegende, insbesondere einem Dritten gehörenden Gegenstände im Wege des Zwangsverkaufs an einen Gutgläubigen veräußert, ohne daß vorher ein Anspruch auf sie geltend gemacht wird, erwirbt der Gutgläubige das Eigentum (good title)[1]. Der Dritte kann vom Vollstreckungsgläubiger den Verkaufserlös (proceeds of sale) herausverlangen (action for money had and received)[2].

2. Hat der Vollstreckungsschuldner unbefugt gepfändete Gegenstände an einen gutgläubigen Erwerber veräußert, kommt es auf den Zeitpunkt der Veräußerung an, ob der Erwerber den vollen Eigentumstitel (unencumbered title) erwirbt. Hat die Veräußerung nach dem Zugang des Writ of Execution beim Vollstreckungsbeamten, aber vor der Inbesitznahme (seizure) stattgefunden, ist der gutgläubige Erwerber geschützt[3]. Nach der Inbesitznahme, aber Belassung beim Vollstreckungsschuldner (walking possession) ist auch der gutgläubige Erwerber im Verhältnis zum Vollstreckungsgläubiger nicht mehr geschützt[4].

---

[1] Bankruptcy and Deeds of Arrangement Act, 1913, s. 15; Curtis v. Maloney, (1950) 2 All E.R. 201, 203.
[2] Jones Brothers (Holloway) Ltd. v. Woodhouse, (1923) 2 K.B. 117.
[3] Sale of Goods Act, 1883, s. 26 (1).

§ 34. Offenbarungsverfahren

Hauptquelle:
R.S.C.Ord. 48.

1. Das Vollstreckungsgericht kann den Vollstreckungsschuldner zu einer Offenbarungsverhandlung vorladen *(examination of judgment debtor)*[1]. Die Ladung muß persönlich zugestellt werden[2]. Offenbarungsrichter sind gewöhnlich neben den District Registrars die first class clerks[3] im Central Office mit dem Beamtenrang eines Principal oder Senior Executive Officer.

Über die Offenbarungsverhandlung wird ein Protokoll verfertigt, das der Vollstreckungsschuldner oder (wenn dieser sich weigert) der Offenbarungsrichter unterschreibt[4].

2. Am County Court gibt es außer dem gewöhnlichen Offenbarungsverfahren[5] vor dem Registrar bei Lohn- und Gehaltspfändungen (attachment of earnings) ein besonderes Offenbarungsverfahren[6].

---

[4] Lloyds and Scottish Finance Ltd. v. Modern Cars and Caravans (Kingston) Ltd., (1964) 3 W.L.R. 859, 871.

[1] R.S.C.Ord. 48, r. 1; C.C.R.Ord. 25, r. 2.
[2] R.S.C.Ord. 48, r. 1 (2).
[3] R.S.C.Ord. 48, r. 1 (4); Practice Direction, (1974) 1 W.L.R. 461.
[4] R.S.C.Ord. 48, r. 3.
[5] C.C.R.Ord. 25, r. 2.
[6] A. of E.A., 1971, s. 23.

Abschnitt VII

Die Vollstreckung einzelner Rechte in Vermögensbestandteile (Systematischer Teil)

§ 35. Allgemein

Die Systematik der subjektiven Vermögensrechte unterscheidet zwischen Rechten an Sachen und forderungsgleichen Vermögensbestandteilen (choses in action). Mit dieser Klassifizierung korrespondiert das Aufbauschema der Vollstreckungsverfahren nicht, das einerseits auf die Art des Zwangsmittels (direkte oder indirekte Vollstreckungsverfahren) und andererseits auf die Reichweite (Sicherungsmittel oder zur Befriedigung führende Vollstreckung) abhebt.

Im folgenden wird (nach Ausgrenzung der Handlungs- und Herausgabevollstreckung) zur Darstellung der Zwangsvollstreckung wegen einer Geldforderung das Schuldnervermögen der genannten Zweiteilung in Sachen und choses in action unterworfen mit einer Verweisung auf die jeweils zulässigen Vollstreckungsverfahren. Die Sachenrechtssystematik selbst löst sich von der überkommenen Klassifizierung und unterscheidet lediglich zwischen der Vollstreckung in bewegliche Sachen und der in grundstücksbezogene Vermögensbestandteile.

Kapitel I

Die Vollstreckung wegen einer Geldforderung in Sachen

§ 36. Die Vollstreckung wegen Geldforderungen

Literatur:
Shaw / Chambers, Enforcement of Money Payments in Magistrates' Courts, 1973.

1. Bei der Vollstreckung wegen Geldansprüchen sind zwei Unterscheidungen zu machen, die sich auf die Rechtsnatur der Judikatsforderung beziehen. Die eine Unterscheidung bezieht sich auf den Entstehungsgrund der auf Geld gerichteten Urteilsforderung: man unterscheidet zwischen einem judgment for the recovery of money und einem judgment for payment of money.

Die andere Unterscheidung der auf eine Geldzahlung gerichteten Urteile bezieht sich auf die Art der Erfüllung der Urteilsforderung eines Zahlungsurteils (judgment for payment of money): durch Einzahlung bei Gericht (payment of money into court) oder durch Zahlung an den Berechtigten unmittelbar.

2. Soweit ein Zahlungstitel in ausländischer Währung ergangen ist[1], bedarf es zur Vollstreckung einer Genehmigung, die auf Antrag erteilt wird, wenn dem Antrag eine eidliche Versicherung (affidavit) über die Umtauschquote (rate of exchange) beigefügt wird.

§ 37. Vollstreckung in bewegliche Sachen

Die Vollstreckung wegen Geldforderungen in bewegliche Sachen erfolgt durch Writ of Fieri Facias (High Court)[1], Warrant of Execution (County Court)[2] und Warrant of Distress (Magistrates' Court)[3].

Die folgenden Gegenstände unterliegen dieser Art der Mobiliarvollstreckung:

1. Die Gegenstände des wirtschaftlichen Tauschverkehrs ohne Grundstücke, d. h. die ‚goods', und — soweit hiervon nicht schon erfaßt — alle ‚chattels corporeal'. Da außer der Fahrnis auch die meisten verbrieften forderungsgleichen Vermögensbestandteile (choses in action), z. B. Inhaberpapiere zu den ‚goods' gehören, unterliegen auch sie der Vollstreckung durch Writ of Fieri Facias[4]. Hierher gehören daher die Wertpapiere im engeren Sinne, d. h. die *negotiable instruments,* insbesondere Wechsel (bill of exchange) und Scheck (cheque). Auch Münzgeld und Banknoten unterliegen dieser Art der Vollstreckung, ebenso Schiffe und Schiffsanteile (shares of ship).

2. Bewegliche Sachen, an denen ein *Sicherungsrecht,* insbesondere Sicherungseigentum eines Dritten, des Sicherungsnehmers (guarantee) besteht, unterliegt dann nicht der Zwangsvollstreckung durch den Vollstreckungsgläubiger, wenn eine in der gesetzlichen Form registrierte Bestellungsurkunde (registered bill of sale) des Rechts vorliegt[5].

3. Bei *Abzahlungsgeschäften* (hire-purchase agreements)[6] kann die Mietkaufsache als Eigentum des Vermieters nicht zugunsten eines Vollstreckungsgläubigers des Mieters (Abzahlungskäufers) gepfändet werden. Pfändbar ist allerdings das Anwartschaftsrecht (option) des Mieters zur Erlangung des Eigentums. Eine Pfändung dieses Anwartschafts-

---

[1] Zur Zulässigkeit s. Schorsch Meier GmbH. v. Henning, (1974) 3 W.L.R. 823.
[1] Vgl. § 13.
[2] Vgl. § 14.
[3] Vgl. § 15.
[4] Judgment Act, 1838, s. 12.
[5] Vgl. Bills of Sale Acts, 1854 - 1891; Ex parte Edey; in re Cuthbertson, (1875) L.R. 19 Eq. 264.
[6] Hire-Purchase Act, 1965.

rechts kommt jedoch nur selten in Betracht, weil die Abzahlungsvereinbarung (hire-purchase agreement) seine Übertragung ohne Zustimmung des Eigentümers meist ausschließt, und weil darüber hinaus regelmäßig vereinbart wird, daß eine Zwangsvollstreckung in die Mietsache die Vereinbarung beendet oder jedenfalls dem Eigentümer das Recht gibt, sie mit sofortiger Wirkung aufzuheben[7]. Diese Klausel ist schon deshalb erforderlich, weil der Eigentümer bei einer zu Unrecht erfolgten Beschlagnahme erst intervenieren[8] kann, wenn ihm selbst ein Recht zum Besitz zusteht. Mit der Veräußerung der in Beschlag genommenen Sache verliert der Vermieter (Abzahlungsverkäufer) das Eigentum, hat jedoch einen Anspruch auf den Verkaufserlös gegenüber dem Vollstreckungsgläubiger.

4. Durch Writ of Facias sind auch zu pfänden die ‚goods', an denen der Vollstreckungsschuldner ein ‚equitable interest' hat, durch das er die ‚legal ownership' erhält. Als Grundsatz gilt, daß das Treugut (trust property) dem Zugriff der Gläubiger des Treuhänders entzogen ist, da dieser nur ein ‚equitable interest' an den Gegenständen hat. Eine Ausnahme gilt, wenn das gesamte ‚beneficial interest' beim Treuhänder liegt[9].

§ 38. Vollstreckung in grundstücksbezogene Vermögensbestandteile

Bei der Vollstreckung in grundstücksbezogene Vermögensbestandteile ist zwischen dem Zugriff auf den (Eigentümer-)Status (estate) und dem auf die Nutzungs- (insbesondere Zins-)form (interest) zu unterscheiden.

1. Bei Vollstreckung wegen Geldforderungen in den unbeschränkten (Eigentümer-)Status an einem *Grundstück* (estate in fee simple) ist zwischen dem Sicherungsverfahren innerhalb der Zwangsvollstreckung und der Vollstreckung des Sicherungs-(Befriedigungs-)rechts zu unterscheiden. Das Sicherungsverfahren, das mit der *charging order*[1] abschließt, gewährt nur ein *Sicherungspfandrecht (charge)*, das einer analogen Vollstreckung unterliegt wie ein gewillkürtes Grundpfandrecht (equitable charge).

Die Vollstreckung erfolgt im Regelfall durch Zwangsverwaltung (receivership) des Grundstücks, kann aber auch zum Zwangsverkauf (order for sale) führen. Die Anordnung der Zwangsverwaltung ist auch möglich, wenn vorher kein Sicherungspfandrecht (charge) entstanden ist[2].

---

[7] Masters v. Fraser, (1901) 85 L.T. 611.
[8] Vgl. §§ 30, 31.
[9] Stevens v. Hince, (1914) W.N. 148.
[1] s. o. § 27.
[2] s. o. § 20.

2. Die Zwangsvollstreckung wegen einer Geldforderung in Realhabe (chattels real), insbesondere in *dingliche Mietrechte (leasehold interests) an Grundstücken* (term of years), erfolgt wie bei der Mobiliarvollstreckung durch *Writ of Fieri Facias*. Dieser Writ ermächtigt den Vollstreckungsbeamten, die Errichtungsurkunde (sealed deed) zu beschlagnahmen und durch Übertragung (assignment by deed) zu veräußern. Der Erwerber erlangt die Rechtsstellung eines Zessionars (assignee).

3. *Ernte auf dem Halm* (growing crop), sofern ‚fructus industriales', ist wie bewegliche Sachen durch Writ of Fieri Facias zu pfänden. Das *Zubehör* (fixtures) unterliegt der Pfändung durch Fieri Facias, wenn der ‚tenant' das Recht der Abtrennung (removal) hat, insbesondere also bei dem gewerblichen oder dem Betriebszweck dienenden Zubehör (trade fixtures), landwirtschaftlichen Zwecken dienendem Zubehör (agricultural fixtures)[3] und bei ‚ornamental fixtures'[4].

Kapitel II

Die Vollstreckung wegen eines Geldanspruchs in forderungsgleiche Vermögensbestandteile (Choses in Action)

§ 39. Die allgemeine Pfändung von Geldforderungen

Die *Forderungspfändung* (attachment of debts) eines unverbrieften Geldanspruchs allgemein erfolgt durch *garnishee proceedings*[1], und zwar durch den ‚order to show cause', mit dem die allgemeinen Pfändungswirkungen eintreten[2]. Fällige Miet- und Pachtforderungen (rights on the rent) können daher auf diesem Wege gepfändet werden[3], ebenso eine Judikatsforderung (judgment debt)[4].

Die *Pfändung von Lohn- und Gehaltsforderungen* erfolgt durch ‚attachment of earnings order'[5].

Pfändbar sind fällige Geldforderungen (debt due) und künftig fällig werdende Forderungen (debt accruing due)[6].

§ 40. Zwangsvollstreckung in Wertpapiere, Urheberrechte etc.

I. 1. *Wertpapiere i. w. S. (negotiable instruments)*, insbesondere Wechsel als verbriefte forderungsgleiche Vermögensbestandteile (choses in

---

[3] Vgl. Agricultural Holdings Act, 1948, s. 13.
[4] Spyer v. Phillipson, (1931) 2 Ch. 183, 204, 205.
[1] Vgl. § 18.
[2] R.S.C.Ord. 49, r. 1 (2); r. 3 (2).
[3] Mitchell v. Lee, (1867) L.R. 2 Q.B. 259.
[4] Holtby v. Hodgson, (1889) 24 Q.B.D. 103.
[5] Vgl. § 19.
[6] R.S.C.Ord. 49, r. 1 (1).

action), unterliegen der Vollstreckung in bewegliche Sachen, d. h. durch *Writ of Fieri Facias*[1] in der High Court-Vollstreckung und durch *Warrant of Execution*[2] in der County Court-Vollstreckung[3].

2. Sonstige *Wertpapiere (securities)*, soweit sie Mitgliedschaftsrechte verbriefen, werden durch *charging order*[4] gepfändet.

Die Pfändung von *Aktien* (shares) durch ‚charging order' ist dann möglich, wenn die zu pfändenden Aktien (shares) auf den Namen des Vollstreckungsschuldners (judgment debtor) eingetragen sind und „in his own right" stehen[5]. Hinsichtlich etwaiger entgegenstehender ‚equitable interests' muß man dabei zwischen ‚equitable ownership' und anderen ‚equitable interests' unterscheiden. Nicht zu eigenem Recht in diesem Sinne hält ein ‚shareholder' Aktien dann, wenn er lediglich der Treuhänder (trustee) eines ‚benefial owner' ist[6]. Dies gilt für alle Arten von Treuhand (trust), seien sie begründet kraft Rechtsgeschäfts (expressed) oder von Rechts wegen (constructive), die immer die Pfändung von ‚shares' ausschließen. Demgegenüber können Aktien dann gepfändet werden, wenn ein anderes ‚equitable interest' an ihnen besteht, z. B. bei einer Verpfändung der Aktie durch Bestellung einer ‚equitable mortgage' stehen die Aktien (shares) im Eigenrecht (in the own right) des shareholders. Das hat aber keinen Verlust für den Pfandgläubiger (mortgagee) zur Folge, weil er seinen Vorrang durch die charging order nicht verliert. Er ist aus dem Erlös einer zwangsweisen Verwertung der Aktien vorweg zu befriedigen. Der weitergehende Schutz des ‚cestui' wäre für ihn nicht gerechtfertigt[7].

II. *Urheberrechte* (copyrights) sind als solche nicht der Zwangsvollstreckung unterworfen[8], unbeschadet der Pfändung von Einkünften aus solchen Rechten im Wege der Forderungspfändung durch ‚garnishee proceedings'.

Kapitel III

Die Handlungsvollstreckung

§ 41. Die Vollstreckung zur Erwirkung der Herausgabe von Sachen

I. Die Vollstreckung zur Erwirkung der Herausgabe von *Grundstücken* (enforcement of judgments for possession of land) erfolgt durch

---
[1] Vgl. § 13.
[2] Vgl. § 14.
[3] County Courts Act, 1959, s. 124 (1) (b).
[4] Vgl. § 26.
[5] Judgment Act, 1838, s. 14.
[6] Cooper v. Griffin, (1892) 1 Q.B.D. 740, 745; Howard v. Sadler, (1893) 1 Q.B. 1.
[7] Hulkes v. Day, (1840) Sim. 41.
[8] Edwards & Co. v. Picard, (1909) L.J.K.B. 1108.

Writ of Possession (High Court) oder Warrant of Possession (County Court)[1]. Statt des Writ of Possession ist es zulässig, den Vollstreckungsschuldner eines Räumungstitels in Haft (committal) nehmen zu lassen[2], wenn die Voraussetzungen der Vollstreckung zur Erwirkung einer Handlung oder Unterlassung vorliegen. Unter den gleichen Voraussetzungen ist auch Zwangsverwahrung durch Writ of Sequestration möglich[3], die allerdings nur zur Sicherung führt.

Eine besondere Sachlage entsteht durch die Mieterschutzbestimmungen[4], die die Verfügungsbefugnis des Vermieters über Wohnraum einschränken. In den meisten Fällen der Wohnraumvermietung geht das vertragliche Mietverhältnis nach seinem Auslaufen in ein gesetzliches Mietverhältnis (statutory tenancy)[5] über. Dieses schützt vor der Zwangsräumung so lange, wie der Mieter seine Miete bezahlt und die Wohnräume sorgfältig benutzt. Gibt der Mieter den Besitz an der Wohnung auf, so endet das gesetzliche Mietverhältnis und damit der Räumungsschutz.

II. Die Vollstreckung zur *Erwirkung der Lieferung oder Herausgabe von beweglichen Sachen* erfolgt durch Writ of Delivery (High Court) und Warrant of Delivery (County Court)[6].

§ 42. Die Vollstreckung zur Erwirkung von Handlungen oder Unterlassungen
Hauptquelle:
R.S.C.Ord. 45.

1. Die *Vollstreckung zur Erwirkung von Handlungen oder Unterlassungen* erfolgt durch Haft, Zwangsverwahrung (Sequestrierung durch Writ of Sequestration) oder Ersatzvornahme[1], wobei Haft und Zwangsverwahrung als indirekte Vollstreckungsmittel Erzwingungsverfahren sind, während die Ersatzvornahme unmittelbar der Vollstreckung des gerichtlichen Gebots oder Verbots dient. Der Handlungstitel bedarf zu seiner Vollstreckbarkeit einer Fristsetzung, innerhalb derer der gerichtlichen Entscheidung nachzukommen ist[2]. Die Fristsetzung kann auch nachgeholt werden durch einen (titel-)ergänzenden Beschluß (supplementary order)[3].

---

[1] Vgl. § 16.
[2] R.S.C.Ord. 45, rr. 3 (1) (b), 5.
[3] R.S.C.Ord. 45, r. 3 (1) (c).
[4] Vgl. Rent Act, 1968.
[5] Rent Act, 1968, s. 23.
[6] Vgl. § 17.
[1] R.S.C.Ord. 45, r. 8.
[2] R.S.C.Ord. 42, r. 2.
[3] R.S.C.Ord. 45, r. 6 (2), (3).

Die Haft[4] wird im High Court-Prozeß durch ‚order of committal', im County Court-Prozeß durch ‚warrant of attachment' und im Magistrates' Court durch ‚warrant of commitment' verhängt.

2. Die *Zahlung einer Geldschuld* kann ebenfalls durch diese Vollstreckungsmittel der Haft oder Sequestrierung erzwungen werden, sofern im Vollstreckungstitel eine Frist zur Leistung bestimmt ist oder nachträglich durch Gerichtsbeschluß festgesetzt wird.

---

[4] s. o. §§ 23, 24.

Zweiter Teil

Grundriß des englischen internationalen Zivilprozeßrechts unter besonderer Berücksichtigung des deutsch-englischen Rechtsverkehrs

Literatur:
Cheshire, Private International Law, 1974.
Dicey / Morris, Conflict of Laws, 1973.
Graveson, Conflict of Laws, Private International Law, 1974.
Jackson, D. C., The Conflicts Process, 1975.
Langendorf, Prozeßführung im Ausland, Bd. II, 1956 ff.
Leske / Löwenfeld, Rechtsverfolgung im internationalen Verkehr, Bd. I, 1965.
Riezler, Internationales Zivilprozeßrecht, 1949.
Rolfe, „England" in: *Møller / Wolff / Kalisch*, Handbuch der internationalen Rechtsverfolgung, 1929, S. 179 ff.
Triebel, Englisches Handels- und Wirtschaftsrecht, 1978, S. 222 - 229.
Wolff, M., Private International Law, 1950.

1. Das englische internationale Zivilprozeßrecht (IZPR) ist der Inbegriff der Normen über die Beziehungen der englischen Zivilgerichtsbarkeit zum Ausland, im folgenden speziell zur Bundesrepublik Deutschland. Die Rechtsmaterie befaßt sich vorzugsweise mit der Zuständigkeit gegenüber dem Ausland, mit Rechtshilfefragen und mit der Wirksamkeit ausländischer Entscheidungen in England. Die englische Literatur behandelt den Gegenstand durchweg in den Darstellungen des Internationalen Privatrechts (Private International Law).

2. Nach englischem und deutschem IZPR ist für die Durchführung der Zwangsvollstreckung die Anknüpfung an das nationale Recht geboten, die *lex fori* daher maßgebend. Die Urteilsanerkennung und die Vollstreckung in England folgen daher dem englischen Recht.

§ 43. Die internationale Zuständigkeit englischer Gerichte und Zustellungen aus dem englischen Jurisdiktionsbereich hinaus (Service out of the Jurisdiction)

Hauptquelle:
R.S.C.Ord. 11; Haager Übereinkommen vom 15. 11. 1965 über die Zustellung gerichtlicher und außergerichtlicher Schriftstücke im Ausland in Zivil- und Handelssachen (BGBl. 1977 II S. 1453).

Literatur:
Collins, Service out of the Jurisdiction, 1972.
Lachs, Vollstreckung ausländischer Urteile und Grenzen der Jurisdiktion, 1929.

Piggot, Foreign Judgments and Jurisdiction, 1908/1910.
Riezler, Internationales Zivilprozeßrecht, 1949.
Scheucher, Studien zur internationalen Zuständigkeit, 1972.
Wahl, Verfehlte internationale Zuständigkeit, 1974.

I. Innerhalb des Bereichs der *englischen Gerichtsbarkeit*[1] sind die Gerichte grundsätzlich zuständig für alle ‚actions in personam' gegen jeden, der in dem Zeitpunkt, in dem ihm die Verfahrensladung (writ of summons und originating summons) persönlich zugestellt wird, seinen, wenn auch vorübergehenden Aufenthalt in England oder in Wales hat („transient rule")[2]. Es kommt dabei nicht darauf an, ob der Beklagte Inländer oder Ausländer ist, auch nicht darauf, ob er sich freiwillig oder unfreiwillig im Jurisdiktionsbereich aufhält.

II. Das Gericht kann erlauben, daß eine Verfahrensladung durch besondere Benachrichtigung außerhalb des Jurisdiktionsbereiches *(service out of the jurisdiction)* zugestellt wird[3], und damit erweitert sich für diese Fälle auch innerhalb des englischen Jurisdiktionsbereichs die internationale Zuständigkeit der englischen Gerichte (assumed jurisdiction). Eine solche Ermächtigung steht im Ermessen[4] des Gerichts und wird u. a. erteilt, wenn der Beklagte sein Domizil oder auch nur seinen gewöhnlichen Aufenthalt (residence) im Jurisdiktionsbereich hat[5], ferner, wenn Streitgegenstand ein Grundstück (land) ist, das im Jurisdiktionsbereich gelegen ist[6] (das forum rei sitae bedeutet also zugleich eine internationale Zuständigkeit); ferner für Ansprüche aus einer in England begangenen unerlaubten Handlung (tort)[7].

Die Zustellung kann auch bewilligt werden, wenn es sich um einen Anspruch aus dem Carriage by Air Act, 1961, Carriage of Goods by Road Act, 1965, aus dem Nuclear Installations Act, 1965, und aus dem Merchant Shipping (Oil Pollution) Act, 1971, handelt[8].

Bei Klagen auf Erfüllung, Rückgängigmachung oder Nichtigerklärung eines Vertrages oder auf Schadensersatz wegen Nichteinhaltung eines Vertrages (breach of contract) kann eine Zustellung des Writ außerhalb des Jurisdiktionsbereichs bewilligt werden, wenn der Vertrag entweder im Jurisdiktionsbereich geschlossen wurde oder wenn er nach dem ausdrücklichen oder aus schlüssigem Verhalten zu entnehmenden Parteiwillen dem englischen materiellen Recht unterstellt ist[9].

---
[1] Vgl. *Bunge*, Das englische Zivilprozeßrecht, S. 17 ff.
[2] Vgl. die Nachweise bei *Linke*, S. 146 Fn. 780/1 und Maharanee of Boroda v. Wildenstein, (1972) 2 All E.R. 689.
[3] s. u. § 44 III.
[4] Rosler v. Hilbery, (1925) Ch. 259 (C.A.).
[5] R.S.C.Ord. 11, r. 1 (1) (c).
[6] R.S.C.Ord. 11, r. 1 (1) (a) (b).
[7] R.S.C.Ord. 11, r. 1 (1) (h).
[8] R.S.C.Ord. 11, r. 1.

Die internationale Zuständigkeit des High Court ist in Vertragsstreitigkeiten auch gegeben, wenn sich der Beklagte freiwillig der englischen Gerichtsbarkeit unterworfen hat, sei es, daß er sich auf den Prozeß mit einem englischen Gericht eingelassen hat, ohne Widerspruch zu erheben, sei es, daß er sich durch eine besondere Gerichtsstandsvereinbarung (jurisdiction agreement) mit dem Kläger über die Unterwerfung unter die englische Gerichtsbarkeit geeinigt hat[10].

III. Die Gerichte haben in *Ehescheidungs- und -trennungssachen* die internationale Zuständigkeit[11], wenn eine der Streitparteien in England oder Wales domiziliert ist und dort ein Jahr ihren gewöhnlichen Aufenthaltsort hatte. Das bedeutet, daß ausländische und damit auch Scheidungen englischer Ehen durch deutsche Gerichte in England dann als gültig anerkannt werden, wenn einer der Ehegatten beim Beginn des Rechtsstreits die genannten Voraussetzungen erfüllt[12].

§ 44. Der Rechtshilfeverkehr des Vereinigten Königreichs mit der Bundesrepublik Deutschland

Literatur:
Böckstiegel / Schlafen, Haager Reformübereinkommen, 1978.
Bülow / Böckstiegel, Internationaler Rechtsverkehr, 1973, S. 520 ff.
Cohn, Beweisaufnahme im Wege der zivilprozessualen Rechtshilfe, 1967.
Collins, Service out of the Jurisdiction, 1972.
Harwood / Dunboyne, Service and Evidence, 1961.
Hinton, Evidence and Service Abroad, 1930.
Inhülsen, Behandlung englischer affidavits in Deutschland, 1894.
Jacob, International Cooperation in Litigation, 1965.
Jonas, Deutsch-Britisches Abkommen über den Rechtsverkehr, 1929.
Nagel, Internationale Rechtshilfe im Zivilprozeß, 1971.
Schuster, Rechtshilfeverkehr zwischen England und Deutschland, 1913.

I. *Hauptquelle* für das Recht des deutsch-englischen Rechtshilfeverkehrs in das Deutsch-Britische Abkommen über den Rechtsverkehr vom 20. März 1928 (RGBl. 1928 II, S. 623; 1929 II, S. 133, 401; 1930 II, S. 1273, wieder in Kraft seit 1. Januar 1953)[1]. Als Gesetz ist neben R.S.C.Ord. 11, 70 der Foreign Tribunals Evidence Act, 1856, zu nennen. Ähnliche Rechtshilfeabkommen hat das Vereinigte Königreich mit einer großen Anzahl von Staaten abgeschlossen.

Zu dem Abkommen von 1928, das unberührt bleibt, tritt das Haager Übereinkommen vom 15. 11. 1965 über die Zustellung gerichtlicher

---
[9] R.S.C.Ord. 11, r. 1 (1) (f). Vgl. z. B. Armadora Occidental S.A. v. Horace Mann Insurance, (1977) 1 W.L.R. 520 (Q.B.).
[10] R.S.C.Ord. 11, r. 2.
[11] Domicile and Matrimonial Proceedings Act, 1973.
[12] Vgl. Recognition of Foreign Divorces and Legal Separations Act, 1971.
[1] Nr. 19 der Bekanntmachung über die Wiederanwendung deutsch-britischer Vorkriegsverträge vom 13. März 1953 (BGBl. 1953 II S. 116). Vgl. auch die Ausführungsverordnung vom 5. März 1929 (RGBl. II S. 135).

Schriftstücke im Ausland in Zivil- oder Handelssachen in seiner reformierten Fassung, die den Staaten des anglo-amerikanischen Rechtskreises den Beitritt ermöglichte (Zustimmungsgesetz vom 22. 12. 1977 — BGBl. II S. 1452; Ausführungsgesetz vom 22. 12. 1977 — BGBl. I S. 3105). Gleiches gilt für das Haager Übereinkommen vom 18. 3. 1970 über die Beweisaufnahme im Ausland in Zivil- oder Handelssachen.

Unter deutsch-britischer Rechtshilfe soll im folgenden jede gerichtliche Hilfe in einer zivilrechtlichen Rechtsangelegenheit verstanden werden, die entweder zur Förderung eines deutschen Verfahrens im Vereinigten Königreich oder zur Förderung eines englischen Verfahrens in der Bundesrepublik geleistet wird[1a]. Der Rechtshilfeverkehr umfaßt die Erledigung von Zustellungen im Ausland (service out of the jurisdiction) und die Durchführung von Beweisaufnahmen im Ausland und für ausländische Gerichte (obtaining evidence for foreign courts)[1b].

II. Für die Übermittlung von Rechtshilfeersuchen ist der konsularische Weg[1c] vorgesehen, d. h. die britischen Konsuln übermitteln die Ersuchen an die zuständigen Landgerichtspräsidenten, die Auslandsvertretungen der Bundesrepublik Deutschland in England an den *Senior Master* of the Supreme Court of Judicature[2]. Die Zustellung kann auf Wunsch in der durch die innere Gesetzgebung für die Bewirkung gleichartiger Zustellungen vorgeschriebenen Form oder in einer besonderen Form erfolgen. Sie kann nur abgelehnt werden, wenn sie nach der Auffassung des ersuchten Landes geeignet ist, dessen Hoheitsrechte und Sicherheit zu gefährden.

III. *Zustellungen*[3] können auch durch einen vom Prozeßgericht oder einer Partei bestellten Vertreter mit der Maßnahme bewirkt werden, daß die Wirksamkeit einer solchen Zustellung „von den Gerichten des Landes, wo die Zustellung so bewirkt wird, nach dem Rechte dieses Landes zu beurteilen ist" (Art. 5 b). Damit wird indirekt auf die Möglichkeit Bezug genommen, Zustellungen auf privatem Wege zu bewirken. Dabei ist zu berücksichtigen, daß die Zuständigkeit (jurisdiction) des High Court nur gegeben ist, wenn bei actions in personam die Zustellung an den Beklagten im Jurisdiktionsbereich, d. h. in England

---

[1a] Vgl. die Rechtshilfeordnung für Zivilsachen (ZRHO), die bundeseinheitlich 1976 geändert und neu gefaßt wurde. Hierin: „Länderteil. Vereinigtes Königreich." (Justiz-MinBl. f. Hessen 28 [1976], S. 425).

[1b] Das Vereinigte Königreich ist Vertragsstaat des Europäischen Übereinkommens vom 7. Juni 1968 betr. Auskünfte über ausländisches Recht (BGBl. 1974 II S. 937, 1975 II S. 300; vgl. auch d. Ausführungsgesetz vom 5. Juli 1974, BGBl. I S. 1433, 1975 I S. 698).

[1c] Die Zuständigkeit der Konsulate im allgemeinen ergibt sich aus dem Gesetz über die Konsularbeamten, ihre Aufgaben und Befugnisse (Konsulargesetz) vom 11. September 1974 (BGBl. I S. 2317).

[2] Zum Senior Master vgl. *Bunge,* Das englische Zivilprozeßrecht, S. 30 f.

[3] s. o. § 41 II.

§ 44. Der Rechtshilfeverkehr mit der Bundesrepublik Deutschland 65

oder Wales, bewirkt werden kann. Befindet sich der Beklagte außerhalb dieses Bezirks, so kann der Kläger beim High Court die Erlaubnis für eine Zustellung erwirken (permission to serve a writ out of jurisdiction).

Sobald das englische Gericht die Zustellung der schriftlichen Anzeige des Writ (notice of writ) bewilligt hat, kann der Kläger sich nicht nur des konsularischen, sondern auch des privaten Weges bedienen. Ist dagegen ein Prozeß vor einem deutschen Gericht anhängig, so kann eine auf privatem Wege bewirkte Zustellung mit Rücksicht auf die innerdeutsche Gesetzgebung keine Wirkung auslösen, d. h. es verbleibt in diesem Fall bei dem konsularischen Weg, wobei daneben die Erleichterung besteht, daß die deutschen Auslandsvertretungen in Großbritannien und Nordirland Anträge auf formlose Zustellung ohne Rücksicht auf die Staatsangehörigkeit des Empfängers in eigener Zuständigkeit erledigen können. Die im deutsch-britischen Abkommen vorgesehene Zustellung auf privatem Wege betrifft also nur einen Prozeß vor dem englischen Gericht. Es wird angestrebt, daß der Kläger dieselben Möglichkeiten hat, als wenn dem Beklagten im Jurisdiktionsbereich des High Court zugestellt werden könnte. Dasselbe gilt auch für die Übermittlung von Schriftstücken durch die Post (Art. 6).

Das englische Zustellungswesen unterscheidet sich von dem deutschen System darin, daß die verschiedenen internationalen Gerichtsstände nicht gesetzlich festgelegt sind. Es liegt vielmehr im Ermessen des High Court, auf Antrag seine ‚jurisdiction' durch eine Erlaubnis, den Beklagten außerhalb des Jurisdiktionsbereichs zu laden, auszudehnen. Die Erlaubnisgründe[4] entsprechen in groben Zügen den Fällen, die in kontinental-europäische Zivilprozeßordnungen Gerichtsstände begründen. In beiden Fällen kann der Prozeß erst durchgeführt werden, wenn der Beklagte nach den innerstaatlichen Verfahrensregeln ordnungsgemäß geladen ist. Der wesentliche andere Unterschied gegenüber den kontinental-europäischen Systemen liegt in der privaten Ausführung der Zustellung. Hierbei wird besonderes Gewicht darauf gelegt, daß der Beklagte hinreichend Zeit hat, vor dem englischen Gericht zu erscheinen, und daß die zustellende Person in einer eidlichen Versicherung (affidavit) beschwört, daß sie den ‚writ' an britische Staatsangehörige bzw. die ‚notice of the writ' an andere Personen zugestellt hat. Soweit dem Beklagten nicht persönlich zugestellt werden kann, wird wegen einer Ersatzzustellung (substituted service) auf das Recht des Landes, wo zugestellt werden soll, abgestellt.

IV. Als Grundsatz gilt, daß *Beweisaufnahmen* durch Zeugenvernehmung ‚in open court', d. h. vor dem Hauptverhandlungsrichter in

---

[4] s. o. § 43 II.

öffentlicher Verhandlung erfolgen; es besteht jedoch auch die Möglichkeit, Zeugen bereits im Vorverfahren (in chambers) zu laden[5]. Wenn sich ein Zeuge im Ausland aufhält, kann das Prozeßgericht die Vernehmung durch ein anderes Gericht oder einen ‚*special examiner*'[6] anordnen.

In Ländern, mit denen England Rechtshilfeverträge abgeschlossen hat, werden häufig britische Konsuln als ‚special examiner' beauftragt. Im übrigen können im Ausland lebende Zeugen ihre Aussage schriftlich abgeben mit einer eidlichen Versicherung (affidavits), die vor einem ‚Commissioner for Oaths' beschworen werden muß[7].

Zwar können auch förmliche Rechtshilfeersuchen an den Senior Master ergehen bzw. der englische High Court kann deutsche Gerichte im Wege eines ‚*Letter of Request*'[8] um eine Beweisaufnahme ersuchen, aber der Weg über den ‚special examiner' wird vorgezogen, um das englische Verfahren bei der Beweisaufnahme anwenden zu können. In verschiedenen Rechtshilfeverträgen wird wie in Art. 2 des deutsch-britischen Abkommens vorgeschrieben, daß die Beweisaufnahme ohne Mitwirkung der Behörden des Landes, in dem sie stattfinden soll, durch diplomatische oder konsularische Vertreter erfolgen soll. In diesen Fällen wird auf britischer Seite der Konsul gegebenenfalls zum ‚special examiner' bestimmt. Eine solche Beweisaufnahme kann sich nicht nur auf britische oder Staatsangehörige dritter Staaten, sondern auch auf deutsche Staatsangehörige erstrecken. Art. 2 c des deutsch-britischen Abkommens sieht auch ausdrücklich die Anwendung der Verfahrensregeln des Landes vor, in dem die Beweisaufnahme Verwendung finden soll. Der ‚special examiner' kann also in Deutschland Beweise nach englischen Verfahrensregeln erheben. Dieser Weg, einen englischen Beweis auf deutschem Gebiet zu erheben, würde in vielen Fällen versagen, wenn man lediglich auf den guten Willen der zu vernehmenden Personen zur Mitarbeit angewiesen wäre. Im Gegensatz zum Haager Übereinkommen und zu anderen zweiseitigen Abkommen sieht Art. 12 des deutsch-britischen Abkommens deswegen vor, daß ein Ersuchen an das zuständige Gericht des ersuchten Landes gerichtet werden kann, die Beweisaufnahme von einem diplomatischen oder konsularischen Vertreter des ersuchenden Staats vornehmen zu lassen. Sofern es sich um Angehörige des ersuchenden Staats handelt, hat das ersuchte Gericht in diesem Fall die erforderlichen Maßnahmen zu treffen um sicherzustellen, daß die zu vernehmenden Personen erscheinen und ihre Aussage machen, und daß Urkunden vorgelegt werden. Das deutsche er-

---

[5] Vgl. *Bunge*, a.a.O., S. 84 ff.
[6] Zu den examiners vgl. *Bunge*, a.a.O., S. 65 f.
[7] Im einzelnen vgl. Commissioner for Oaths Act, 1889.
[8] R.S.C.Ord. 70.

suchte Gericht wird also Zwangsmaßnahmen nach §§ 380, 390, 409 ZPO ergreifen. Bei der Wichtigkeit des Eides im englischen Beweisverfahren ist es selbstverständlich, daß der ‚special examiner' auch befugt ist, Eide abzunehmen.

Deutsche Zwangsmittel zugunsten einer englischen Beweisaufnahme auf deutschem Boden sind allerdings gegenüber deutschen Staatsangehörigen nicht gegeben. Es ist jedoch nach englischem Verfahrensrecht zulässig, daß Beweise nach dem Verfahren des ersuchenden Staates durchgeführt werden. Mit Hilfe der englischen Gerichte könnten die zu vernehmenden Personen auch gezwungen werden, zu solchen Beweisaufnahmen, die nicht durch englische Gerichte durchgeführt werden, zu erscheinen.

2. Es gibt *keinen formellen Beweisbeschluß*, der vor der Beweisaufnahme festlegt, welche Behauptungen beweisbedürftig sind. Es gibt vielmehr eine Vielzahl von Zulässigkeitsregeln, wonach der Richter auf Vorhalt des Gegners entscheidet, ob eine Frage zugelassen werden soll oder nicht. Dies geschieht aber erst während der Beweisaufnahme. Soll ein Beweis im Ausland erhoben werden, so erfolgt im Verhältnis zu den sogenannten *convention Countries* die Beweiserhebung nach den englischen Prozeßvorschriften durch konsularische oder diplomatische Vertreter bzw. durch commissioners. Das Prozeßgericht ernennt diesen Vernehmungskommissar, zu dem auch ein Konsul ernannt werden kann. Vor ihnen spielt sich die Befragung der Zeugen durch die Anwälte in ähnlicher Weise ab wie vor dem Prozeßgericht. Für „*non convention Countries*" werden „*letters of request*", d. h. Rechtshilfeersuchen an das ausländische Gericht gerichtet. Auch diese enthalten keinen Beweisbeschluß, sondern die schriftlich von den Parteien formulierten Fragen werden beigefügt.

Im umgekehrten Fall, wenn aufgrund eines deutschen Rechtshilfeersuchens in England Beweise durch Gerichte erhoben werden sollen, reicht es nicht aus, wenn das Prozeßgericht auf dem vorgesehenen Weg das Ersuchen um Beweisaufnahme an das englische Gericht leitet. Es bedarf außerdem noch eines Antrages der den Beweis betreibenden Partei, der eine eidliche Versicherung (affidavit) der Partei beigefügt ist, aus der sich ihre Berechtigung ergibt. Sofern die Partei einen Solicitor hiermit beauftragt, vertritt sie dieser bei der Beweisaufnahme, für die das Gericht einen ‚examiner', gewöhnlich einen Barrister, ernennt. Dieser führt wiederum die Beweisaufnahme nicht selber durch, sondern die Partei oder der beauftragte Solicitor richtet Fragen an die zu vernehmende Person.

§ 45. Anerkennung und Vollstreckung deutscher Urteile in England

Literatur:
Audinet, L'exécution des judgments étrangers en Angleterre, 1935.
Bauer, Zwangsvollstreckung aus inländischen Schuldtiteln im Ausland, (1975).
Borm-Reid, Recognition and Enforcement of Foreign Judgments in England, 1954.
Bülow / Böckstiegel, Internationaler Rechtsverkehr, 1973.
Denkschrift zum deutsch-britischen Vollstreckungsabkommen, BT-Drs III, Nr. 2360, S. 14 ff.
Geimer / Schütze, Internationale Urteilsanerkennung, Bd. II, S. 353 ff.
Mosheim, Wirkung deutscher Entscheidungen in Großbritannien, 1952.
Piggot, Foreign Judgments, 1908/1910.
Read, Recognition and Enforcement of Foreign Judgments, 1938.
Sonderkötter, Anerkennung deutscher Urteile in Großbritannien, 1975.

I. 1. Ein Richter, der in England mit der Anerkennung und Vollstreckung eines Zahlungsurteils aus der Bundesrepublik Deutschland befaßt wird, wendet nicht das deutsch-britische Abkommen von 1960[1], sondern das im wesentlichen inhaltsgleiche Foreign Judgments (Reciprocal Enforcements) Act, 1933 (F.J.A.) und die Reciprocal Enforcement of Foreign Judgments (Germany) Order 1961[2] an[2a].

Das F.J.A. findet auch auf andere Länder Anwendung, und zwar Frankreich[3], Belgien[4], Norwegen[5], Österreich[6], die Niederlande[7] und Israel[8].

2. Bei der *Anerkennung von Ehescheidungsurteilen* kommt das Recognition of Divorces and Legal Separations Act, 1971, zur Anwendung; durch das Domicile and Matrimonial Proceedings Act, 1973, wurde sein Geltungsbereich auf Nordirland erstreckt und umfaßt jetzt das gesamte Vereinigte Königreich.

3. Die Anerkennung ausländischer *Adoptionen* wird durch das Adoption Act, 1968, geregelt.

---

[1] Abkommen zwischen der Bundesrepublik Deutschland und dem Vereinigten Königreich Großbritannien und Nordirland über die gegenseitige Anerkennung und Vollstreckung von gerichtlichen Entscheidungen in Zivil- und Handelssachen v. 14. Juli 1960 (BGBl. 1961 II, S. 301; in Kraft getreten am 15. Juli -961, Bekanntmachung 28. Juli 1961, BGBl. 1961 II, S. 1025). Vgl. Black-Clawson International Ltd. v. Papierwerke Waldhof-Aschaffenburg Aktiengesellschaft, (1975) 2 W.L.R. 513; (1975) 1 All E.R. 810; (1975) A.C. 591.
[2] S.I. 1961, No. 1199.
[2a] z. Z. läßt sich noch nicht übersehen, zu welchem Zeitpunkt Großbritannien dem Übereinkommen der EG vom 27. 9. 1968 über die gerichtliche Zuständigkeit und die Vollstreckung gerichtlicher Entscheidungen in Zivil- und Handelssachen beitreten wird.
[3] S.R. & O. 1936, No. 609.
[4] S.R. & O. 1936, No. 1169.
[5] S.I. 1962, No. 636.
[6] S.I. 1962, No. 1139.
[7] S.I. 1969, No. 1063.
[8] S.I. 1971, No. 1039.

§ 45. Anerkennung und Vollstreckung deutscher Urteile in England 69

4. Die Anerkennung von *Unterhaltstiteln* (maintenance orders) regelt das Maintenance Orders (Reciprocal Enforcement) Act, 1972.

II. Der Judikatsgläubiger eines ausländischen Urteils[8a] hat nach englischem Recht, wenn das Urteil der Vollstreckbarerklärung nach dem Foreign Judgments (Reciprocal Enforcement) Act, 1933[9] fähig ist, die Registrierung (registration) zu beantragen; eine erneute Klage ist unzulässig. Die Registrierung ist nur möglich bei Entscheidungen der oberen Zivilgerichte (superior civil courts), insbesondere der Landgerichte. Für gerichtliche Entscheidungen, die nicht der Registrierung unterliegen, insbesondere der Amtsgerichte, ist eine Klagemöglichkeit aus dem Common Law als *action on the foreign judgment* (Judikatsklage)[9a] gegeben. Nach der herrschenden Doktrin im Common Law wird auch durch ein ausländisches Urteil eine Legalobligation geschaffen, die jedoch — im Gegensatz zur materiellen Rechtskrafttheorie des Prozeßrechts — keine novierende Kraft hat[10]. Diese Legalobligation bildet die Grundlage für die action on the foreign judgment.

Die Urteilsanerkennung durch Judikatsklage nach dem Common Law erfolgt im *summarischen Verfahren*[11], d. h. es bedarf aufgrund eines ausländischen Urteils, das nicht der Registrierung unterliegt, zwar der Erhebung einer neuen Klage vor dem englischen Gericht, für die sich der Kläger aber der Vorteile des summarischen Verfahrens[12] bedienen kann. Er kann, wenn die Klage auf einen bestimmten Betrag gerichtet ist, die Anberaumung einer mündlichen Verhandlung erwirken, falls er eine eidliche Versicherung (affidavit) darüber zustellt, daß ihm der Betrag geschuldet werde und seiner Meinung nach dem Gegner keine Einwendungen zustehen. Im Termin ergeht sofort Urteil, wenn nicht dem Beklagten das Recht auf Verteidigung bewilligt worden ist, was nur geschehen kann, wenn der Beklagte durch eidliche Versicherung (affidavit) oder sonstige Beweise für das Vorhandensein wirksamer Einwendungen vorbringt[12a].

III. Die *Vollstreckbarerklärung* von ausländischen Urteilen nach dem F.J.A. erfolgt durch *Registrierung*[13] am High Court. Die Rechts-

---

[8a] Zur Vollstreckung aus ausländischen Schiedssprüchen in England s. u. § 47.

[9] F.J.A., 1933, s. 6.

[9a] Perry v. Zissis, (1977) 1 Lloyd's Rep. 606, 614 et seq. (C.A.).

[10] Beatty v. Beatty, (1924) 1 K.B. 807. F.J.A., 1933, s. 6. Yokon Gold Corporation, Ltd. v. Clark, (1938) 2 K.B. 241.

[11] Vgl. Grant v. Easton, (1883) 13 Q.B.D. 302.

[12] Vgl. *Bunge*, a.a.O., S. 95.

[12a] Zu den zulässigen Einwendungen s. u. IV u. V. Eine meritorische Prüfung findet auch bei der action on the foreign judgment im Stadium des summarischen Verfahrens nicht statt.

[13] F.J.A., 1933, s. 3; R.S.C.Ord. 71.

kraft ist nicht Voraussetzung der Vollstreckbarerklärung. Vielmehr ist Voraussetzung, daß die Entscheidung anerkennungsfähig sein muß. Dies folgt aus dem allgemeinen Grundsatz, daß die Vollstreckbarerklärung die Anerkennung voraussetzt. Außerdem muß die Entscheidung im Erststaat (original court) vollstreckbar sein, wobei vorläufige Vollstreckbarkeit ausreicht.

Das vollstreckbare Urteil muß zur Zahlung einer bestimmten Geldsumme verurteilen. Urteile auf Herausgabe einer Sache, Unterlassung, Leistung vertretbarer Sachen oder Wertpapiere können nicht aufgrund des Abkommens für vollstreckbar erklärt werden[14]. Für diese ist auch keine Geltendmachung im Wege der Judikatsklage (action of the foreign judgment) als Vollstreckbarerklärung nach innerstaatlichem Recht möglich[15], da das Common Law bei actions in personam nur eine action upon the foreign judgment zuläßt, wenn das ausländische Urteil auf Zahlung einer bestimmten Geldsumme geht[16]. In diesem Fall ist nur eine erneute Klage möglich.

Aufgrund Art. II bis IV des Abkommens können auch nicht vollstreckbare deutsche Urteile, die unter das Abkommen fallen, gemäß sec. 8(1) des Foreign Judgments Act im Wege der „defence" geltend gemacht werden[16a].

Für die Registrierung sind im Action Department des Central Office (Supreme Court) ein Queen's Bench Master oder ein Judge in Chambers zuständig[17]. Die im Registrierungsverfahren vorzulegenden Urkunden[18] sind:

1. Eine Ausfertigung oder beglaubigte Abschrift der Entscheidung. Die Entscheidung muß mit Gründen versehen sein.

2. Der Nachweis der Vollstreckbarkeit muß durch eine Bescheinigung des Erstgerichts nachgewiesen werden. Die amtliche Bescheinigung der Vollstreckbarkeit ist die Vollstreckungsklausel.

3. Außerdem ist je eine Übersetzung dieser Unterlagen in englischer Sprache vorzulegen, die von einem allgemein vereidigten Übersetzer, der die Richtigkeit unter Eid versichert hat (authenticated by affidavit), oder einem öffentlichen Notar (public notary) beglaubigt sein müssen.

Die Frist, innerhalb derer der Antrag auf Registrierung gestellt werden kann, beträgt sechs Jahre nach Erlaß des Vollstreckungstitels.

---

[14] Abkommen Art. V, Abs. 2 lit. c.
[15] Abkommen Art. II, Abs. 3.
[16] Beatty v. Beatty, (1924) 1 K.B. 807; Henderson v. Henderson, (1844) 6 Q.B. 296.
[16a] Black-Clawson (Fußn. 1), (1975) 2 W.L.R. 513, 524.
[17] R.S.C.Ord. 71, r. 1.
[18] R.S.C.Ord. 71, r. 3.

§ 45. Anerkennung und Vollstreckung deutscher Urteile in England 71

4. Die Registrierung bedarf der gerichtlichen Erlaubnis (order giving leave to register a judgment)[19], die die eigentliche Vollstreckbarerklärung darstellt. Der Registrierungsvermerk (notice of registration) muß dem Urteilsschuldner zugestellt werden.

IV. Die Wirkungserstreckung der ausländischen Entscheidung erfolgt nur, wenn die folgenden *Voraussetzungen* vorliegen:

a) Es muß eine Entscheidung in einer Zivil- oder Handelssache vorliegen. Urteile, die Steuern oder Strafen zum Gegenstand haben, sind daher nicht anerkennungsfähig.

b) Die Entscheidung muß, soweit in personam ergangen, auf Zahlung eines bestimmten Geldbetrages lauten.

c) Das Erstgericht muß die internationale Zuständigkeit (competence of the foreign court) gehabt haben[19a]. Diese bestimmt sich nach den gleichen Grundsätzen wie die des englischen Gerichts[19b].

d) Die ausländische Entscheidung muß instanzbeendend (*final*, Gegensatz: *interlocutory* und *interim judgments*) sein. Weist der Schuldner nach, daß er gegen das zu registrierende Urteil ein Rechtsmittel eingelegt hat, oder daß die Frist hierfür noch nicht abgelaufen ist, so hat das Vollstreckungsgericht nach seinem Ermessen die folgenden Möglichkeiten:

— die Entscheidung kann trotzdem anerkannt, d. h. registriert werden, womit der Weg zur Zwangsvollstreckung frei ist;
— die Anerkennung kann versagt werden;
— das Gericht kann auf Antrag des Urteilsschuldners die Entscheidung über den Registrierungsantrag aussetzen, um dem Schuldner Gelegenheit zu geben, das Verfahren aufgrund des eingelegten Rechtsmittels zu beenden.

e) Die ausländische Entscheidung muß eine abschließende Sachenentscheidung sein (conclusive on the merits)[20]. Ein bloßes Prozeßurteil (interlocutory judgment) scheidet daher aus, ebenso sind nicht der Anerkennung fähig Entscheidungen im vorläufigen Rechtsschutz, wie Arrestbefehle und einstweilige Verfügungen, die nur der Sicherstellung dienen. Eignet sich allerdings ein Teilanspruch, ein Anspruch von mehreren oder nur der Restbetrag zur Registrierung, so ist Teilregistrierung möglich.

---

[19] R.S.C.Ord. 71, r. 5.
[19a] Sirdar Gurdyal Sing v. The Rajah of Faridkote, (1894) A.C. 670.
[19b] s. o. § 43.
[20] F.J.A., 1933, s. 8 (1). Hinsichtlich der Endgültigkeit eines Urteils, das auf Verjährung der Klageforderung beruhte, s. Harris v. Quine, (1869) L.R. 4 Q.B. 653 und Black-Clawson (Fn. 1). A.A. mit wichtigen Belegstellen *Linke*, a.a.O., S. 142 ff.

f) Das Urteil darf nicht durch Arglist erschlichen sein *(fraud)*. Macht der Beklagte bei einer Judikatsklage (action on the foreign judgment) im summarischen Verfahren geltend, das Urteil sei durch die obsiegende Partei betrügerisch erschlichen, muß dies glaubhaft gemacht werden[20a]. Wird der Beklagte mit dieser Einrede zur Verteidigung zugelassen, so tritt das Gericht zunächst nicht in eine meritorische Prüfung der Grundlagen des ausländischen Urteils ein, sondern nur in eine Prüfung der Frage, ob das Urteil betrügerisch erlangt worden ist oder nicht.

g) Das ausländische Urteil darf nicht mit der natürlichen Gerechtigkeit (natural or substantial justice) unvereinbar sein[21] oder gegen den ordre public[22] verstoßen.

Sind diese Voraussetzungen erfüllt, wird die ausländische Entscheidung als bindend hingenommen; eine meritorische Prüfung findet nicht statt.

V. *Anerkennungs- und Registrierungshindernisse* sind:

1. wenn die internationale Zuständigkeit nach dem F.J.A. nicht gegeben ist;

2. bei Versäumnisentscheidungen (judgments in default), sofern der Schuldner sich auf den Rechtsstreit nicht eingelassen hat und nachweist, daß er von dem Verfahren nicht rechtzeitig genug Kenntnis erlangt hat, um seine Rechte in ihm wahrnehmen zu können[23]; jedoch gehen die englischen Gerichte in der Anerkennung ausländischer Versäumnisurteile sehr weit, sofern der Beklagte sich ausdrücklich oder stillschweigend der Zuständigkeit des ausländischen Gerichts unterworfen hatte[24];

3. wenn es sich um einen Anspruch handelt, der bereits Gegenstand einer anderen Entscheidung in England war (estoppel per rem judicatam);

4. wenn der Urteilsschuldner nach Völkerrecht der englischen Gerichtsbarkeit nicht unterliegt.

Weist der Schuldner nach, daß er nach dem Erlaß des Vollstreckungstitels oder nach der Registrierung gezahlt hat, so kann das englische Gericht auf Antrag die Registrierung wieder aufheben.

[20a] Codd v. Delap, (1905) 92 L.T. 510 (H.L.).

[21] F.J.A., 1933, s. 4 (1) (a).

[22] Vgl. hierzu die bei *Geimer / Schütze*, Internationale Urteilsanerkennung, S. 378 ff. zit. Quellen.

[23] Rudd v. Rudd, (1924) P. 72.

[24] Guiard v. de Clermont, (1914) 3 K.B. 145 und Henry v. Geopresco Int. Ltd., (1975) 2 All E.R. 702; (1976) 2 Q.B. 726 (C.A.). Vgl. zur Anerkennung deutscher Versäumnisurteile in England *Linke*, Versäumnisentscheidungen, 1972, S. 142 ff.

§ 46. Die Anerkennung deutscher Ehescheidungsurteile

Hauptquelle:
Recognition of Divorces and Legal Separation Act, 1971.
Domicile and Matrimonial Proceedings Act, 1973.
Literatur:
Brintzinger, Anerkennung von Scheidungen, 1960.
Cohn, Anerkennung einer in Deutschland erwirkten Scheidung, 1968.
Farborough, Anerkennung einer Scheidung, 1974.
Meister, Anerkennung deutscher Ehescheidungsurteile, 1977.
Tsai, Ehescheidung, Anerkennung ausländischer Ehescheidungen, 1975.
Turner, Anerkennung ausländischer Ehescheidungen, 1974.
Schurig, Anerkennung ausländischer Scheidungen, 1972.

Die Rechtsgültigkeit ausländischer und damit auch deutscher *Ehescheidungs- und -trennungsurteile*[1] wird anerkannt, wenn am Tage des Beginns des Verfahrens in dem Land, in dem das Urteil gefällt wurde,

a) ein Ehegatte seinen gewöhnlichen Aufenthalt (habitual residence) hatte oder

b) ein Ehegatte die Staatsangehörigkeit (nationality) dieses Staates besaß[1a].

Falls in einem Lande das Domizilprinzip als Grundlage für die internationale Zuständigkeit in Scheidungs- und Trennungsangelegenheiten angesehen wird, so soll a) so ausgelegt werden, daß die Verweisung auf den gewöhnlichen Aufenthalt auch den Begriff des Domizils mit umfaßt[2].

Falls in einem solchen Verfahren Widerklage erhoben und auf die Widerklage die Scheidung oder gerichtliche Trennung ausgesprochen wurde, so gelten für die Anerkennung des Urteils die gleichen Prinzipien wie unter a) und b).

Falls in einem Land eine Scheidung aufgrund eines vorausgegangenen Trennungsurteils ausgesprochen wird, so wird ein solches Scheidungsurteil in jedem Falle anerkannt.

Bei der Frage, ob eine Scheidung oder gerichtliche Trennung, die von einem ausländischen Gericht ausgesprochen wurde, in England anerkannt werden kann, soll das Gericht unterstellen, daß die im ausländischen Urteil festgestellten Tatsachen richtig sind, falls

a) beide Ehegatten am Verfahren teilgenommen haben,

b) die Unrichtigkeit einer festgestellten Tatsache nicht nachgewiesen wurde.

Zu den im Urteil festgestellten Tatsachen gehört auch die Feststellung, daß einer der Ehegatten in dem ausländischen Land entweder seinen gewöhnlichen Aufenthalt oder dessen Staatsangehörigkeit hat.

---

[1] Vgl. Angelo v. Angelo, (1967) 3 All E.R. 314; Blair v. Blair, (1968) 3 All E.R. 639; Mayfield v. Mayfield, (1969) 2 All E.R. 219; (1969) P. 119.

[1a] Recognition of Divorces and Legal Separations Act, 1971, s. 3 (1) (a) (b).

[2] Recognition of Divorces and Legal Separations Act, 1971, s. 6 (a).

Die Anerkennung einer ausländischen Scheidung oder Trennung muß versagt werden, wenn zur Zeit des Ausspruchs der Scheidung oder Trennung nach englischem Recht oder internationalem Privatrecht keine gültige Ehe zwischen den Parteien bestand[3]. Sie kann verweigert werden, wenn das Urteil ausgesprochen wurde, ohne daß

a) dem Beklagten Kenntnis von dem anhängigen Verfahren gegeben wurde;
b) dem Beklagten Gelegenheit gegeben wurde, an dem Verfahren teilzunehmen;
c) falls das Urteil offensichtlich gegen die Regeln des ordre public verstößt.

§ 47. Vollstreckung aus ausländischen Schiedssprüchen (Foreign Awards)

Hauptquelle:
Arbitration Act, 1950; Arbitration (Foreign Awards) No. 2 Order[1]; Arbitration (Foreign Awards) Act, 1930; Arbitration Act, 1975.

Literatur:
Macassey, „England." In: International Commercial Arbitration, 1956.
Rheinstein, Vollstreckung deutscher Schiedssprüche in den Gebieten des britischen Reiches, 1930.
Roth, Anerkennung von Schiedssprüchen in Europa, 1967.
Wolff, Schiedsgerichtsbarkeit nach englischem Recht, 1948.

I. Hinsichtlich der Anerkennung und Vollstreckung eines Schiedsspruchs (award) sind drei Kategorien zu unterscheiden: inländische Schiedssprüche; ausländische Schiedssprüche (foreign awards), die unter Part II des Arbitration Act, 1950, fallen[2], und sonstige ausländische Schiedssprüche. Die beiden ersten werden in einem einfachen Beschlußverfahren für vollstreckbar erklärt[3]; das Vollstreckungsgericht (Master in chambers) erteilt eine Vollstreckungsbewilligung (leave to enforce), und der Schiedsspruch kann auch als Urteil registriert (entered) werden.

Bei ausländischen und damit deutschen Schiedssprüchen, die nicht von Part II des Arbitration Act erfaßt werden, kann nach Common Law eine Klage im summarischen Verfahren *(action on the foreign award)*[4] erhoben werden. Das daraufhin ergehende Urteil ist dann nach allgemeinen Grundsätzen vollstreckbar.

II. Voraussetzung für die Anerkennung eines ausländischen Schiedsspruchs ist[5]:

---

[3] Recognition of Divorces and Legal Separations Act, 1971, s. 8.
[1] S.R. & O. 1930 No. 1096, wieder in Kraft seit 1.1.1953.
[2] Arbitration Act, 1950, s. 37; vgl. Genfer Abkommen zur Vollstreckung ausländischer Schiedssprüche von 1927.
[3] Arbitration Act, 1950, ss. 26, 36.
[4] s. o. § 45 II, und s. u. III.
[5] Arbitration Act, 1950, s. 37.

§ 47. Vollstreckung aus ausländischen Schiedssprüchen

1. ob der Schiedsspruch endgültig (final)[6] und nach dem Recht des Erlaßstaates rechtsgültig ist;

2. ob der Schiedsspruch nach seinem eigenen Recht unmittelbar wie eine gerichtliche Entscheidung vollstreckbar oder ob er durch Gerichtsbeschluß seines eigenen Landes für vollstreckbar erklärt ist;

3. ob ein gültiger Schiedsvertrag zugrunde liegt;

4. ob das Schiedsverfahren in Übereinstimmung mit dem Schiedsvertrag abgewickelt wurde;

5. ob die Anerkennung mit dem englischen ordre public vereinbar ist[7];

6. ob das ausländische Gericht die internationale Zuständigkeit hatte.

7. Das Verfahren darf nicht fundamentalen englischen Anschauungen über die Grunderfordernisse einer geregelten Rechtspflege widersprechen. Hauptfall ist die Nichtgewährung des rechtlichen Gehörs[8].

III. Formell gesehen ist im Fall der ‚action on the foreign award' die Einleitung eines besonderen Prozesses durch Klage nötig. Als Verfahrensart ist das *summarische Verfahren* (summary proceedings) vorgesehen, sofern der Schiedsspruch auf Zahlung einer ziffernmäßig bestimmten Geldsumme oder auf Herausgabe einer individuell bestimmten Sache lautet. Hat der ausländische Schiedsspruch einen anderen Inhalt, muß im ordentlichen Verfahren geklagt werden.

---

[6] Arbitration Act, 1950, s. 39.
[7] Pemberton v. Hughes, (1899) 1 Ch. 781 (C.A.).
[8] Jaffer v. Williams, (1908) T.L.R. 12.

Auswahlbibliographie
des englischen Zwangsvollstreckungsrechts

Die Auswahlbibliographie umfaßt Arbeiten zum englischen Zwangsvollstreckungs- und Konkursrecht (I) und zum englischen internationalen Zivilprozeßrecht unter besonderer Berücksichtigung des deutsch-englischen Rechtsverkehrs (II). Eine allgemeine Bibliographie des englischen Verfahrensrechts bringt *Bunge,* Das englische Zivilprozeßrecht, 1974, S. 134 ff.

I. Zwangvollstreckungs- und Konkursrecht

Amouroux-Ménard, Jeanne: Etude sur les voies d'exécution en droit anglais. (Collections d'études théoriques et pratiques de droit étranger, de droit comparé et de droit international 26.) Paris: Rousseau, 1930.

Anderson, Thomas Kerr: A Treatise on the Law of Execution, in the High Court and Inferior Courts, including the powers, duties, and liabilities of the sheriff, the high bailiff, the bishop and other executive officers. London: Butterworth, 1889.

Assfalg, Dieter: Die Behandlung von Treugut im Konkurse des Treuhänders nach englischem, schweizerischem, französischem und deutschem Recht, Masch. schr. Tübingen: Jur. Diss. 1956.

Atkinson, George: A Treatise on the Offices of High Sheriff, Under-Sheriff, Bailiff, & ... 6th ed. by Rudolph E. Melsheimer. London: Sweet, 1878.

Beaumont, Christopher Herbert: The Law Relating to Sheriffs and their Officers. London: Oyez, 1968.

Bingham, Peregrine: The Law and Practice of Judgments and Executions, including extents at the suit of the crown. London: Butterworth, 1815.

Borrie, Gordon / *Love,* Nigel V.: The Law of Contempt. London: Butterworth, 1973.

Buch, Hans: Der Zwangsvergleich nach englischem Konkursrecht. Borna—Leipzig: Noske, 1908 (Jena: Jur. Diss. 1908).

Bunge, Jürgen: Das englische Zivilprozeßrecht. Eine systematische Darstellung mit einer Auswahlbibliographie. Berlin: Duncker & Humblot, 1974 (Schriften zum Prozeßrecht Bd. 37).

Cababé, Michael: Attachment of Debts; receivers by way of equitable execution and charging orders on stocks and shares; together with forms of the summonses, orders, affidavids, & c., used therein. 3nd ed. London: Sweet & Maxwell, 1900.

— Interpleader in the High Court of Justice and in the County Courts ... 3rd ed. London: Sweet & Maxwell, 1900.

Chandler, C. W.: Judgment Summonses in the High Court of Justice in Bankruptcy. London (usw.): The Solicitors' Law Station. Soc. 1936.

Churchill, Cameron: The Law of the Office and Duties of the Sheriff, with the writ and forms relating to the office. London: Stenvens, 1882.

Crystal, Michael / *Nicholson*, Michael: A Handbook on Bankruptcy and Deeds of Arrangement Law and Practice, 3rd ed. (Cruchley) London: Oyez, 1978.

Eckstein, Felix: Das englische Konkursrecht. Berlin usw.: de Gruyter, 1935. (Beiträge zum ausländischen und internationalen Privatrecht. H. 12.)

Edwards, C. J.: Execution upon Judgments and Orders. Chancery and Queen's Bench Divisions. London: Stevens, 1888.

Färber, Christian Winfried: Die soziale Sicherung der Ehefrau in Großbritannien. Saarbrücken: Jur. Diss., 1974.

Ferid, Murad: „‚Contempt of Court' im Zivilprozeß und ähnliche Regelungen in anderen Rechten." In: Acta academica universalis jurisprudentiae comperativae. Vol. 3,5 (1956), S. 177 - 209.

Fischer-Dieskau, Thomas: Die Haftung aus der Vollstreckung anfechtbarer Urteile in rechtsvergleichender Darstellung, zugleich ein Beitrag zum internationalen Prozeßrecht. Bonn: Diss. 1961.

Frackenpohl, H.: Das englische Konkurs-Verfahren. Hamburg: Diss. 1933.

Freedland, Mark Robert: Attachment of Earnings. A Guide to the Attachment of Earnings Act 1971. London: Jordan, 1971.

Fridman, G. H. L. / *Hicks*, I. / *Johnson*, E. C.: Bankruptcy Law and Practice. London: Butterworth, 1970.

Gladwin, Irene: The Sheriff: The Man and his Office. London: Gollancz, 1974.

Griffiths, Oswald: The Law relating to Bankruptcy, Deeds of Arrangement, Receiverships and Trusteeship. 6th ed. London: Harpenden, 1957.

Impey, John: The Practice of the Office of Sheriff and Under-Sheriff. 6th ed. London: Clarke, 1835.

Jacob, I. H. (Gen. Ed.): The Supreme Court Practice 1973. 2 Vols. London: Sweet & Maxwell, 1972 („White Book") (Suppl.).

Josling, John Francis: Execution of a Judgment Including Other Methods of Enforcement. 5th ed. London: Oyez, 1974.

Kerr, William Williamson: Kerr on the Law and Practice as to Receivers. 15th ed. by W. W. Raymond. London: Sweet & Maxwell, 1978.

Lienert, Herta: Der Contempt of Court im Anglo-Amerikanischen Recht. Freiburg: Diss. 1956.

Lynn, Sidney A.: In the Exchequer, a survey of execution on crown judgments in suits-at-law on the revenue side of the King's Bench Division. London: Eastern Pr., 1932.

Macassey, Lynden: „England". In: Sanders, P. (ed.): International Commercial Arbitration. Union International des Avocats. Paris: Dalloz, 1956, pp. 60 - 99.

McGuffie, Kenneth C. / *Fugeman*, P. A. / *Gray*, P. V.: British Shipping Law. Vol. I Admiralty Practice. London: Stevens, 1964.

Marshall, O. R.: Assigment of Choses in Action. London: Pitman, 1950.

Mather, Philip Edward: On Sheriff and Execution Law. 3rd. ed. by C. R. Wigan and D. Meston. London: Stevens (etc.), 1935.

Oswald, James Francis: Contempt of Court, Committal Attachment, and Arrest upon Civil Process. 3rd. ed. by G. S. Robertson. London: Butterworth, 1910.

Pfiffner, Enzo: Schuldverhaft und Personalarrest im Vollstreckungsverfahren. Eine Darstellung der in den Gesetzgebungen von Deutschland, Österreich, Frankreich, Italien, England heute noch bestehenden persönlichen Zwangs- und Sicherheitsmaßnahmen. Wintherthur: Keller, 1957.

Philipps, Edgar A.: Judgment Summonses in the Divorce Division. London (etc.): The Sulicitors' Law Stationery Soc., 1935.

Redmond, Peter William Dawson: Bankruptcy Law. 7th ed. London: MacDonald and Evans, 1973 (M. & E. handbook series).

Ruttle, H. S. (ed.): The County Court Practice, London: Butterworth, 1974 („Green Book").

Report of the Committee on the Enforcement of Judgment Debts. London: H.M.S.O. 1969, Cmnd. 3909.

Ringwood, Richard: Principles of Bankruptcy. 18th ed. by H. Jacobs. London: Sweet & Maxwell, 1947.

Sales, Charles A.: The Law relating to Bankruptcy, Liquidation and Receiverships. 5th ed. London: MacDonald & Evans, 1956.

Samuely, Adolf: „Über die Schuldhaft mit Rücksicht auf den neuesten Stand der Gesetzgebung." In: Zeitschrift f. d. ges. H. Recht 15 (1870), S. 110 bis 147 (136 - 139).

Sewell, Richard Clarke: A Treatise on the Law of Sheriff, with practical forms and precedents. London: Butterworth, 1842.

Shaw / Chambers, Gordon Stanley: Shaw's Guide to the Enforcement of Money Payments in Magistrates' Courts. 2nd ed. London: Shaw, 1973.

Sick, Hans: Zahlungsunfähigkeit und Konkurseröffnung nach deutschem und englischem Recht. Maschin. schr. Hamburg: R. u. staatsw. Diss. 1926 (1927).

Schweizer, Peter: Der Schutz der Rechtsverwirklichung im angelsächsischen Rechtskreis. Die Lehre vom Contempt of Court. Zürich: Schulthess, 1974. (Züricher Beiträge zur Rechtswissenschaft Nr. 434.)

Teplitzky: „Zur englischen Rechtsprechung bei Contempt of Court." In: MDR 18 (1964), S. 728 f., 988.

Thoday, Wallace: Imprisonment by Justices for Non-Payment of Money, including the money Payments (Justices Procedure) Act, 1935. London: Butterworth (etc.), 1936.

Thomson, James Herbert: The Priciples of Bankruptcy Law. London: H.F.L., 1967.

Warde, Daniel: The Practice of Interpleader by Sheriffs and High Bailiffs. 2nd ed. London: Cox, 1904.

Watson, William Henry: A Practical Treatise on the Law Relating to the Office and Duties of Sheriff ... 2nd ed. London: Sweet, 1848.

Weaving: Weaving's Notes on Bankruptcy Practice and Procedure in Country Courts. 4th ed. by T. S. Humphreys. London: Oyez, 1967. (Oyez Practice Notes No. 32.)

Williams, R. Vaughan: Law and Practice in Bankruptcy. 18th ed. by M. Hunter et al. London: Stevens, 1968.

Wolff, Ernst: „Die Schiedsgerichtsbarkeit nach englischem Recht. 6. Kap.: Vollstreckung des Schiedsspruchs." In: Schönke, Adolf: Die Schiedsgerichtsbarkeit in Zivil- und Handelssachen in Europa. Bd. II. Berlin: Heymanns, 1948, S. 23 - 100, 60 ff.

Wood, J. C.: "Attachment of Wages." In: M.L.R. 26 (1963), pp. 51 - 57.

II. Das englische internationale Zivilprozeßrecht unter besonderer Berücksichtigung des deutsch-englischen Rechtsverkehrs

Audinet: „L'exécution des jugements étrangers en Angleterre d'après la loi du 13 avril 1933 et la convention franco-britannique du 18 janvier 1934." In: Journal Clunet 62 (1935), p. 805 ff

Ball, William Valentine: The Enforcement of Foreign Judgments. London: Sol. Law St. S., 1928.

Bauer, Hellmuth: Die Zwangsvollstreckung aus inländischen Schuldtiteln im Ausland. Flensburg: Gross, 1974 (Losebl.).

— „Zwangsvollstreckung aus inländischen Schuldtiteln im Ausland. VIII. Länderteil. Großbritannien und Nordirland." In: Das juristische Büro 17 (1966), S. 561 ff., 567 ff.

Borm-Reid: "The Recognition and Enforcement of Foreign Judgments in England." In: I.C.L.Q. 3 (1954), p. 49 et seq.

Bergmann, Alexander / Ferid, Murad: Internationales Ehe- und Kindschaftsrecht. 5. Aufl. Frankfurt/M.: V. f. Standesamtwesen, 1976 (Losebl. Ausg.).

Böckstiegel, Karl-Heinz / Schlafen, Dieter: „Die Haager Reformübereinkommen über die Zustellung und die Beiweisaufnahme im Ausland." In: NJW (1978), 22 S. 1073 - 1077.

Brambring, Günther: „Beurkundung von Affidavits." In: Dt Notar-Zs (1976), 12. S. 726 - 739.

Brintzinger, Ottobert: „Zur Anerkennung von Scheidungen englischer Ehen durch deutsche Gerichte in England." In: JZ (1960), S. 346 - 350.

Bülck: „Das Erfordernis der Gegenseitigkeit bei der Vollstreckung englischer Urteile in Deutschland." In: Journ. f. Intern. R. 5 (1955), S. 92 ff.

Bülow, Arthur / Böckstiegel, Karl-Heinz: Der Internationale Rechtsverkehr in Zivil- und Handelssachen. Quellensammlung m. system. Darstellungen und einer Länderübersicht. 2. Aufl. München/Berlin, 1973 (Losebl. Ausg.).

Cheshire, Geoffry Chevalier: Cheshire's Private International Law. 9th ed. by P. M. North. London: Butterworth, 1974.

Cohn, Ernst Josef: „Sicherheitsleistung für die Prozeßkosten im deutsch-englischen Rechtsverkehr." In: ZZP 78 (1965), S. 161.

— „Anerkennung einer in Deutschland erwirkten Scheidung seitens der englischen Gerichte." In: NJW 21, 2 (1968), S. 2176 - 2178.

— „Beweisaufnahme im Wege der zivilprozessualen Rechtshilfe durch das englische Gericht." In: ZZP 80 (1967), S. 230 - 248.

Collins, Lawrence: "Some Aspects of Service out of the Jurisdiction in English Law." In: I.C.L.Q. 21 (1972), pp. 656 - 681.

— „Deutsche Ehescheidungsurteile vor englischen Gerichten." In: Gedächtnisschrift für Rudolf Schmidt, Berlin 1966, S. 243 - 259.

Denkschrift zum deutsch-britischen Vollstreckungsabkommen. BT-Drucksache III Nr. 2360, S. 14 ff.

Dicey, A. V. / *Morris*, J. H. C.: The Conflict of Laws. 9th ed. (by) J. H. C. Morris (Gen. Ed.). London: Stevens, 1973.

Dubach, W.: „Die Vollstreckung ausländischer Urteile in Großbritannien." In: SJZ (1933/34), S. 356 ff. = Niemeyers Z 51 (1935), S. 299 - 309.

Farnborough, Louis Henry: „Anerkennung einer in Deutschland erwirkten Scheidung seitens der englischen Gerichte (Stand v. 1.1.1974)." In: NJW 27 (1974), S. 396 - 398.

Fleck, Rudolf: Rechtsverfolgung im Auslandsgeschäft. Anerkennung und Vollstreckung von Urteilen im Ausland. Gerichtsstandsvereinbarungen. 2. Aufl. Köln: Deutscher Wirtschaftsdienst, 1955 (Schriften zur Außenhandelsförderung der Bundesstelle für Außenhandelsinformation, H. 5).

Ganske, Joachim: „Das deutsch-britische Vollstreckungsabkommen vom 14. 7. 1960." In: AWD (1961), S. 172 - 173.

Geimer, Reinhold / *Schütze*, Rolf A.: Internationale Urteilsanerkennung. Kommentar zum Vertrag mit Österreich und zu den Abkommen mit Belgien, Großbritannien und Nordirland, Bd. II. München: Beck, 1971.

Gibb, Andrew D.: The International Law of Jurisdiction in England and Scotland. Edingburgh/London: 1926.

Graupner, Rudolf: "Some Recent Aspects of the Recognition and Enforcement of Foreign Judgments in Western Europe." In: I.C.L.Q. 12 (1963), pp. 367 - 386.

Graveson, Ronald Harry: Conflicts of Laws. Private International Law. 7th ed. London: Sweet & Maxwell, 1974.

Gutteridge, H. C.: "Reciprocity in Regard to Foreign Judgments." In: British Year Book of International Law 13 (1932), S. 49 - 67.

— "The International Enforcement of Maintenance Orders." In: I.L.Q. 2 (1948), pp. 155 - 172.

Harwood, B. A. / *Dunboyne*: "Service and Evidence under English Civil Procedure." In: I.C.L.Q. 10 (1961), pp. 284 et seq., pp. 295 et seq.

Hinton, Herbert: Evidence and Service Abroad, being a guide to the practice in obtaining evidence and service of process in England on matters pending in foreign courts. London: Stevens, 1930.

Inhülsen: „Die Behandlung englischer affidavids in Deutschland." In: Niemeyers Zeitschr. f. Intern. Recht 4 (1894), S. 543 - 552.

Jacob, Isaac H.: „International Cooperation in Litigation: England." In: International Co-operation in Litigation: Europe. Hrsg. Hans Smit, Den Haag 1965, S. 66 ff. (86 - 104).

Jonas: „Das deutsch-britische Abkommen über den Rechtsverkehr vom 20. März 1928 (RGBl. II S. 623)." In: JW 58 (1929) I, S. 88 - 89.

Klussmann, Heinrich: Inländische Gerichtsbarkeit in bezug auf ausländische Grundstücke in Streitsachen der in § 24 Zivilprozeßordnung bezeichneten Art. Dargest. n. engl. u. dt. Rechte. Borna—Leipzig: Noske, 1929.

Lachs, Reinhold: „Die Vollstreckung ausländischer Urteile in England und die Grenzen der Jurisdiktion der englischen Gerichte." In: JW 58 (1929), S. 3452 - 3455.

Langendorf, Hans: Prozeßführung im Ausland und Mängelrüge im ausländischen Recht. Hagen: v. d. Linneppe, 1956 (Losebl.), Bd. 2: „Vereinigtes Königreich von Großbritannien."

Leader, Sydney: „Die Vollstreckung deutscher Urteile in England." In: JW 42 (1913), S. 14 - 15.

Leske, Franz / *Löwenfeld*, Erwin H.: Rechtsverfolgung im internationalen Verkehr. Bd. I: „Großbritannien und Irland", S. 266 ff. v. R. Campbell. Köln usw.: Heyman, 1965.

Linke, Hartmut: Die Versäumnisentscheidungen im deutschen, österreichischen und englischen Recht. Ihre Anerkennung und Vollstreckbarkeitserklärung. Bielefeld: Gieseking 1972 (Schriften zum deutschen und europäischen Zivil-, Handels- und Prozeßrecht. Bd. 71).

Magnus, Ulrich: „Fragen der Anerkennung und Vollstreckung ausländischer Urteile in England." In: Recht der Internat. Wirtschaft (1975), S. 465 - 468.

Mannes, Bruno: „Die Anerkennung ausländischer Ehescheidungsurteile in Großbritannien." In: DRiZ 50 (1972), S. 204 - 206.

Matscher, Franz: „Die Anerkennung und Vollstreckung gerichtlicher Entscheidungen im Verhältnis zwischen Österreich und Großbritannien." In: (Österr.) JBl., (1963), S. 229 ff., 285 ff.

Meister, Herbert: „Die Anerkennung deutscher Ehescheidungsurteile im United Kingdom." In: FamRZ (1977), 2, S. 108 - 112.

Mosheim, B.: „Wirkung deutscher Entscheidungen in Großbritannien." In: JZ (1952), S. 650 - 651.

Müller-Freienfels, Wolfram: „Die Verjährung englischer Wechsel vor deutschen Gerichten." In: Xenion Bd. 2., 1973, S. 491 - 534.

Nagel, Heinrich: Nationale und Internationale Rechtshilfe im Zivilprozeß; das europäische Modell. Baden-Baden: Nomos, 1971 (Schriftenreihe Europäische Wirtschaft, Bd. 61).

— „Die Anerkennung und Vollstreckung ausländischer Urteile unter den westeuropäischen Staaten — eine Zwischenbilanz." In: Der Betrieb 51/52 (1969), S. 2323 - 2329.

Palmer, Norman E.: "Domicile and Matrimonal Proceedings Act 1973." In: N.L.J. 123 (1973), pp. 939 - 941, 960 - 962.

Perroud: „La Convention franco-britannique sur l'effet extraterritorial des jugements." In: Revue critique 32 (1937), S. 369 ff.

Piggot, Francis Taylor: Foreign Judgments and Jurisdiction. London: Butterworth, 1908 - 1910. (Pt. 1 a. 2 3rd ed. of 'Foreign Judgments, and parties out of the jurisdiction'; pt. 2 2nd. ed. of 'Service out of the jurisdiction').

Read, Horace Emerson: Recognition and Enforcement of Foreign Judgments in the Common Law Units of the British Commonwealth. Cambridge (Mass.): Havard Univ., Pr., 1938.

Rheinstein, Max: „Die Vollstreckung deutscher Schiedssprüche in den Gebieten des britischen Reiches." In: Pappenheim, Walter / Rheinstein, Max: Die Vollstreckung deutscher Schiedssprüche im Ausland. Berlin: Holbing, 1930, S. 47 - 76.

Report: Foreign Judgments (Reciprocal Enforcement) Committee Report v. 12. 12. 1932.

Rietzler, Erwin: Internationales Zivilprozeßrecht und prozessuales Fremdenrecht. Berlin (usw.): de Gruyter, 1949.

Roth, Günter H.: „Die Anerkennung von Schiedssprüchen in Europa." In: KTS 28 (1967), S. 65 - 87, 74 ff.

Rolfe, R. J. G.: „England". In: Møller, A. / Wolff, H. / Kalisch, Hans (Hrsg.): Handbuch der Internationalen Rechtsverfolgung. Berlin: Heymanns, 1929, S. 179 - 197.

Siemssen, Detlev: Eine Analyse der Anknüpfungen für die internationale Zuständigkeit im internationalen Zivilprozeß. Erörterungen und Vergleich an Hand d. deutschen, englischen und amerikanischen Vorschriften. Hamburg: Rechtsw. Diss. 1966.

Sonderkötter, Friedrich: „Zur Anerkennung deutscher Urteile in Großbritannien. Die Entscheidung des House of Lords im Fall Black—Clawson ..." In: RIW/AWD (1975), 7/8 S. 370 - 375.

Scheucher, Leo: Studien zur internationalen Zuständigkeit in Vermögensstreitigkeiten. Wien: Manz, 1972.

Schurig, Klaus: „Das neue englische Gesetz über die Anerkennung ausländischer Scheidungen — Abschied von ‚Indyka'." In: FamRZ 19 (1972), S. 288 - 290.

Schuster, Ernst: „Die Vereinfachung des Rechtshilfeverkehrs zwischen England und Deutschland." In: ZZP 43 (1913), S. 285 - 300.

Triebel, B.-V.: Englisches Handels- und Wirtschaftsrecht, Heidelberg 1978.

Tsai, Pi-song: Ehescheidung, Anerkennung ausländischer Ehescheidungen und Wiederverheiratung im internationalen Privatrecht. Eine rechtsvergleichende Studie des schweizerischen, des deutschen, des englischen Rechtes und des Haager Abkommens über die Anerkennung der Scheidungen und der Trennungen vom 1. Juni 1970. Zürich: Schulthess, 1975 (Schweiz. Std. z. intern. R. Bd. 2).

Turner, J. Neville: „Die Anerkennung ausländischer Eheschließungen, Ehescheidungen und Ehenichtigkeitserklärungen im englischen Recht." In: Das Standesamt (1974), S. 228 - 232.

Wahl, Ulrich: Die verfehlte internationale Zuständigkeit. Forum non conveniens und internationales Rechtsschutzbedürfnis. Berlin: Duncker & Humblot, 1974 (Schriften zum Prozeßrecht, Bd. 34).

Weiss, E. C.: „Deutsche Urteile in England." In: JW 54 (1925), S. 1231 - 1234.

Westlake, John: Private International Law. 7th ed. by N. Bentwich. London: Sweet & Maxwell, 1925.

Wolff, Martin: Private International Law. 2nd ed. Oxford: Clarendon, 1950.

Printed by Libri Plureos GmbH
in Hamburg, Germany